Peur du noir, monstres et cauchemars

«C'est la vie aussi»
Collection dirigée par Bernadette Costa-Prades

« La nuit, je redeviens un enfant et je supplie le monde de ne pas m'avaler. La nuit, je tremble de tout mon corps et j'en appelle à mon père. »

Laurent Gaudé, *La Porte des Enfers.*

Lyliane Nemet-Pier
Françoise Devillers

Peur du noir, monstres et cauchemars

Comment rassurer votre enfant ?

Albin Michel

À Olympia et Arnaud,
L. N.-P.

À Gala,
F. D.

Introduction

Tout parent a été un jour ou l'autre confronté aux cauchemars, à la peur du noir ou des monstres, et se trouve souvent bien démuni devant ces crises au bord du lit et ces nuits hachées de cris et de terreurs. Que se passe-t-il ? Comment réagir ? Comment faire face au SOS que vous lance à trois heures du matin un petit bonhomme aux prises avec le loup de son rêve ? Ou encore, comment bien négocier le virage de la séparation du soir ?
Vous avez envie, en rentrant du travail, de profiter au mieux de votre soirée, de vos enfants et de ces quelques heures fugaces de retrouvailles que vous leur consacrez, après parfois dix heures d'absence. L'objectif de ce livre est de vous aider à apaiser ces moments-là en leur redonnant la place qu'ils méritent. Car les parents mettent un espoir fou dans ces « accordailles » du soir mais dans le même temps, ils ont hâte que les enfants dorment et précipitent ces fins de journées, qui se déroulent souvent dans une agitation brouillonne, en tout cas pas comme ils l'avaient rêvé. Aujourd'hui, tout en mettant nos enfants au centre de nos vies, nous sacrifions parfois

ces moments où la nuit tombe, si fragiles et si précieux pour leur équilibre. Nous nous laissons emporter par nos rythmes quotidiens de plus en plus rapides et compartimentés, notre temps de présence du soir se réduit comme une peau de chagrin, nos petits se couchent de plus en plus tard, la soirée familiale est parasitée par les écrans, les écouteurs et les téléphones portables. Réhabilitons ce très court laps de temps qu'est l'heure du marchand de sable car il se passe mille et une choses dans la tête de nos enfants.
Vous connaissez bien votre enfant du jour, mais vous ne savez peut-être pas que votre enfant du soir est «un autre». Nous sommes allés pour vous à la rencontre des enfants en pyjama, lorsqu'ils sont dépouillés de leurs «habits sociaux», n'ont plus leurs jouets sous la main, ni tous ces stimuli qui les occupent le jour à plein temps.
Ils nous ont confié les secrets de leurs nuits, de leur vie, dans ce temps où, séparés de leurs parents, ils sont livrés à eux-mêmes, à leur imaginaire et à leurs démons intérieurs. Car vous le ressentez vous aussi, la nuit rend chacun, petit ou grand, à sa solitude, aux désordres de l'intime et à l'inquiétante étrangeté propice à toutes sortes d'élucubrations.
C'est l'heure où, chez les petits, les peurs et les monstres envahissent la chambre, peuplent leurs cauchemars et

font leurs ravages. Ce livre vous donnera des clés pour comprendre le sommeil parfois curieux et agité d'un enfant. Ce n'est pas un ouvrage de plus sur le sommeil et ses troubles, plutôt une plongée dans le monde intérieur des enfants, dans les profondeurs de leur vie secrète, pendant la nuit mystérieuse et angoissante.

Nous n'oublierons pas non plus que les petits problèmes nocturnes se traitent aussi dans la journée, et que les monstres du soir se nourrissent de tout ce qui se passe le jour. Enfin, le but de ce livre est que vous parveniez à mieux familiariser vos enfants avec le monde de la nuit, à les aider à l'apprivoiser. Qu'on ait 3 ou 9 ans, on peut réellement apprendre à faire de son lit un cocon, du sommeil, un plaisir, et de la nuit, une alliée où se côtoient monstres, rêveries et rêves. Voici les étapes et les chemins tortueux qui conduisent les enfants d'un endormissement serein à un sommeil sans tempête.

Chapitre 1
La peur du noir, vieille comme le monde !

Avec celle de la chute et de la mort, la peur du noir est l'une des plus anciennes peurs humaines et l'une des plus fréquentes chez le petit enfant. Pourquoi cette inquiétude si répandue ?

La peur du noir plonge ses racines dans la nature humaine. Et même si elle paraît irrationnelle, elle n'a rien d'un caprice. Quand un enfant dit « Fait noir. J'ai peur », ce n'est pas du cinéma. À 3 ou à 6 ans, il est normal d'avoir un peu peur quand il fait sombre, et cette crainte-là peut persister longtemps, voire toute la vie ! Certains adultes s'avouent oppressés à la tombée de la nuit, ne peuvent pas s'endormir les volets fermés, disent parfois ne pouvoir dormir seuls ! Mais généralement, plus l'enfant mûrit et développe sa vie psychique, mieux il parvient à se défendre seul de ses peurs et à s'apaiser. Et il met un point d'honneur, parce qu'il est grand, à ne plus appeler papa et maman.

Mais au fait, à quel âge?

Beaucoup de parents installent une veilleuse dans la chambre de leur bébé, dès sa naissance. Un réflexe. Comme s'ils avaient l'impression que plonger leur enfant dans le noir avait quelque chose de violent. C'est ce qui conduit cette maman à interpréter ainsi les pleurs de son bébé d'un an : « Il n'aime pas être dans le noir. » L'envelopper dans un cocon de douce lumière la rassure, d'autant que cela lui permet de le voir et de « surveiller » son sommeil. Est-ce pour autant utile pour le tout-petit ? Sans doute pas. Il n'a que faire de la lumière et n'en a pas besoin. En fait, la peur de l'obscurité ne se développe qu'autour de 2 ans. En lui laissant une veilleuse allumée, vous anticipez une crainte qu'il n'a pas encore et vous risquez de le conditionner à ne plus pouvoir dormir sans éclairage. Et cela ne l'aide pas, durant la première année de sa vie, à faire la différence entre le jour et la nuit, ni à se régler sur une alternance de rythme diurne / nocturne, bref à « faire ses nuits ».

La perte des repères

La nuit est source d'anxiété pour un petit enfant parce que tout disparaît : les contours de son lit, le tapis, ses peluches. Il ne s'y retrouve plus, le connu lui devient inconnu, il perd de vue le cadre familier et les visages aimés. Et ne voyant plus les adultes dont à 3 ou 6 ans il dépend totalement, il se sent démuni. S'ils lui font défaut, pour lui, c'est l'anéantissement ! Dans le noir, il a parfois la sensation qu'il flotte, que des ombres étranges surgissent. Le silence de la nuit peut aussi être déroutant car il signifie l'arrêt des activités familières et fait ressortir la rumeur tardive du monde : le bois des poutres qui craque, le cri de la chouette à la campagne, un chien qui aboie, les échos amortis d'une dispute entre papa et maman, les conversations chuchotées au téléphone, le film que les parents regardent à la télévision, la petite sœur qui ronfle. Le jour, la vue et l'ouïe permettent de localiser les sons alors que la nuit, la première disparaît au profit de la seconde qui devient suraiguisée. Tous les bruits dont l'enfant n'identifie pas la source se font alors plus perçants, plus énigmatiques et plus angoissants. Lucile se souvient de son effroi quand elle était petite parce que, chaque soir, elle entendait des craquements dans sa chambre. Elle se pelotonnait sous sa couette,

sans personne pour la rassurer et ce n'est que plusieurs années après qu'elle a enfin identifié ces bruits : ceux des pas des locataires de l'appartement du dessus.
À l'inverse, certains sont angoissés par un silence total et ont besoin d'entendre les bruits familiers de la maisonnée pour s'abandonner au sommeil. Attention donc à ces maisons « catafalques » où la vie est suspendue, où on coupe le téléphone, où l'on parle tout bas dès que le petit dort !

La crainte du « lâcher-prise »

Certains enfants ont du mal à se laisser aller au sommeil, ils s'accrochent au jour, restent aux aguets et luttent parfois pour ne pas fermer les yeux. Ils refusent de se laisser envelopper par la poche d'intimité de la nuit et de s'abandonner aux bras de Morphée. Un bambin de 3 ans confie : « Je n'aime pas le lit, je n'arrive pas à faire dormir mes yeux. » Et Maëlle, 7 ans, voudrait surprendre le moment précis où elle va sombrer dans le sommeil, mais le lendemain matin, elle s'écrie, déçue : « Zut, je me suis encore endormie sans m'en rendre compte. » Comme beaucoup, elle a la hantise de perdre le contrôle sur ce qui se passe dans la maison et ne veut pas embarquer seule pour le pays du sommeil, tandis que ses autres occupants restent encore à quai, éveillés.

Impossible détente

Aujourd'hui, de nouvelles habitudes entravent ce relâchement du soir. Dans la journée, nos enfants sont sans cesse sollicités, occupés. S'ils n'ont rien à faire, on leur passe un film, un jeu, un DVD, par peur du vide ! En fin de journée, nombreux sont ceux qui s'endorment devant un écran allumé dans leur chambre, télé ou film. Le problème ? Ce spectacle tout fait, imposé, ne laisse pas l'accès à cet espace transitionnel de « l'entre-deux », entre réalité externe et vie intérieure. Pourtant, ils ont besoin d'une coupure, d'une place et d'un temps de « vacance » de l'esprit pour que le sommeil s'installe. C'est grâce à ce vide qu'ils laisseront venir les figures imaginaires de leur vie intérieure et pourront les apprivoiser.

Être seul face à soi-même

La peur du noir, c'est aussi la peur de se retrouver seul dans sa bulle, avec ses pensées, dans le face-à-face avec soi, après la vie collective et familiale. Dans la journée, il est rarement tout seul, tandis que la nuit le confronte à une solitude incontournable et l'oblige à s'y faire ! C'est inévitable, la nuit pour un petit est un peu synonyme d'abandon, elle signifie se séparer de maman pour un long moment, de ses proches, ceux qu'il aime le plus et en qui il a le plus confiance. Cette solitude laisse le champ libre à l'imaginaire et à la pensée, plus de bruit, plus de lumière, on s'écoute. C'est parce que l'enfant n'a plus personne autour de lui qu'il se prend à penser à sa petite vie ! Le monde extérieur étant mis en sourdine, invisible, il ne peut qu'être en face de son monde intérieur, sans échappatoire possible.

Alors surgissent les « mauvaises pensées » !

Chez tout enfant, les émotions vécues dans la journée, comme les relations avec ses parents, modulent ses inquiétudes et donc ses peurs du soir : angoisse de séparation ou d'abandon chez le tout-petit, peur de ne pas être assez aimé, crainte de ne plus être le seul petit chéri de ses parents, peur de la fragilité de l'un des parents sur qui il ne peut pas assez compter, peur des colères qui montent parfois en lui.

Car son monde intérieur, qui fait irruption à ce moment critique, l'effraie un peu. Le voilà en proie à des peurs archaïques, mais aussi à des pulsions inconscientes très primaires. Léonie, 6 ans, voudrait étriper ce petit frère qui commence à se déplacer et qui touche à ses jouets. Margaux, 8 ans, en a marre de ce papa qui crie tout le temps. À 3 ans, Paul veut se marier avec maman et prendre la place de papa. Tous ont honte d'éprouver de tels sentiments envers ceux qu'ils aiment et ils s'en veulent. D'autant que ces tourments ressortent dans les ténèbres et que ces dernières n'en deviennent que plus terrifiantes. Suivant les enfants, les fantasmes et les drôles d'idées qui les animent, le noir se fait plus ou moins redoutable.

Le noir est plus noir chez maman que chez papa

Les parents de Lola sont séparés. Chez papa, elle n'a pas peur du noir, ou quand elle a peur, elle parvient à sortir de son lit et à aller voir son père. Chez maman, elle est tellement paralysée d'effroi qu'elle ne peut même pas sortir le bras de sous sa couette ni appeler sa mère. Selon le lieu où elle se trouve, la fillette n'appréhende pas la nuit de la même façon. Son papa est heureux avec sa nouvelle compagne, les week-ends chez lui sont gais et on fait la fête. Tandis que sa maman est seule et déprimée, et la vie avec elle morne et pesante. La fillette n'en peut plus de cette maman qui a perdu le goût de vivre. Du coup, son angoisse du soir est remplie de toute cette agressivité contre elle, qui va de pair avec un fort sentiment de culpabilité. Quand un enfant est mal à l'aise avec les «mauvaises pensées» qui le traversent, la nuit se remplit de menaces, et le noir devient carrément plus noir et plus dense.

Le sommeil, comme une petite mort?

Pour les Anciens – et plus largement dans l'inconscient collectif –, le sommeil est souvent assimilé à une «petite mort» dont on renaît chaque matin. Dans la mythologie, Hypnos, dieu du sommeil, n'est-il pas le frère jumeau de Thanatos, dieu de la mort? Le noir, le sommeil, les yeux clos, c'est le néant. La peur de s'endormir est aussi celle de ne pas se réveiller. Chez l'enfant, l'endormissement est parfois vécu comme un risque: il a peur de s'arrêter de respirer, de mourir s'il ferme les

yeux, de se dissiper à jamais dans la nuit, d'être englouti dans son gouffre, de tomber dans un trou noir.
Et c'est à ce moment-là, le plus souvent, que surviennent dans la journée, chez nos petits curieux de 5 ans, les grandes questions métaphysiques sur la naissance, la vie, la mort : « Dis papa, c'est comment quand on est mort ? Mais toi, maman, tu "mouriras" jamais ? » La prise de conscience à cet âge que la mort existe, et de son caractère irréversible, peut faire craindre le sommeil. Il suffit parfois pour réveiller cette angoisse de la mort, déjà présente chez eux de façon diffuse que, dans l'entourage, l'un des proches soit gravement malade ou qu'il y ait eu un décès, celui d'un animal ou d'un être cher, ou encore que les adultes aient lâché quelques phrases malheureuses comme : « Papy s'est endormi pour toujours », « il est parti », ou « on lui a fermé les yeux. »
D'où, pour conjurer la peur, ces petites manies enfantines du soir (les chaussons disposés comme il faut au pied du lit, les jouets bien alignés) pour garantir la permanence des choses et conjurer la crainte que tout ne soit emporté dans le néant. D'où ce besoin de mots, de caresses avant de s'endormir, essentiels pour assurer à l'enfant ce sentiment de la continuité d'exister. Sa propre permanence !

Et que font papa et maman pendant ce temps-là ?

Cette peur primitive du noir se renforce souvent entre 3 et 6 ans pendant la période œdipienne quand l'enfant, attiré par son parent du sexe opposé, ressent de l'hostilité envers le parent du même sexe et comprend le lien tendre qui les unit. Le petit futé saisit alors confusément qu'ils forment un couple sexué et aurait bien envie de savoir ce qui se passe dans leur chambre. Le soir est bel et bien synonyme des mystères qui se déroulent derrière leur porte close. Tourments et sentiments ambigus qui surgissent d'autant plus fortement que c'est souvent le seul moment où papa et maman s'octroient un peu d'intimité, au grand dam de l'enfant. Parfois, des bruits émanent de la chambre, énigmatiques, répétitifs et qui s'arrêtent brutalement. Ils l'intriguent et l'angoissent : se disputent-ils ? En même temps, il se sent exclu de ce duo / duel : « Quels sont les secrets qui se déroulent dans votre chambre ? Que faites-vous pendant que je suis dans mon lit ? »

Et pourquoi je dors seul, moi, le soir ?

Ce monde obscur de la sexualité, il le découvre aussi vers 3-4 ans par lui-même, loin du regard de sa famille, dans la chaleur de sa couette ! Il commence alors à explorer l'intimité de son corps en se touchant, voire en se caressant. Ce sont les premières excitations. La nuit entrouvre les portes du plaisir, accompagné de troubles où se mêlent sensations et culpabilité !
Telles sont les bizarreries qui le titillent au fond de son lit et tous les questionnements qui se cachent derrière la phrase « il fait noir dans ma chambre, j'ai peur ». Sa peur recèle ainsi les premières interrogations face à l'énigme de la différence des sexes, du « comment fait-on les bébés ? », et du monde obscur de la sexualité.

Mais a-t-il vraiment peur ?

Quand votre enfant dit « j'ai peur » au moment du coucher, est-il vraiment malheureux, effrayé, ou est-ce un mot magique pour vous faire revenir ?
Son comportement dans la journée vous aidera à résoudre ce dilemme. Il n'est pas toujours collé à vous, il peut jouer un certain temps loin de votre regard ?

C'est donc qu'il n'est pas trop anxieux et peut réussir à affronter l'obscurité. N'hésitez pas faire preuve d'un peu de fermeté après l'avoir rassuré : vous veillez sur lui, il ne peut rien lui arriver, il n'en sera pas traumatisé. Son «maman, j'ai peur» n'est qu'un petit sésame pour vous retenir encore un peu.
En revanche, s'il a déjà du mal dans la journée à se décoller de vous, n'arrive pas à jouer seul, ne serait-ce que quelques minutes, ne peut aller aux toilettes tout seul car la pièce est un peu sombre, refuse d'aller chercher un pull dans sa chambre ou ne peut monter à l'étage si vous n'y êtes pas, c'est qu'il n'a pas encore acquis une sécurité interne suffisante. Il a donc réellement de la peine à affronter le noir et la séparation du coucher.

De quoi as-tu peur ?

On trouve chez les enfants tous les degrés de peur, depuis celui qui a juste un petit pincement de spleen à la tombée de la nuit jusqu'à celui qui se recroqueville au fond de son lit, le cœur battant. À vous de doser la mesure entre une prévenance excessive et une incompréhension totale. Il serait sadique de l'obliger à dormir dans une pièce toute noire s'il a peur, ce serait nier son

émotion. Mais ne tombez pas non plus dans l'excès inverse. Il s'agit de comprendre, d'accompagner et de dédramatiser. Relativisez encore une fois, il n'est pas tout seul, vous êtes là.
Prêtez attention à son émotion en la respectant, même si elle vous paraît aberrante ou dérisoire, écoutez ce qu'il dit, aidez-le à l'exprimer : « De quoi as-tu peur ? Pourquoi ? » Si la crainte du noir a de lointaines racines, elle n'a rien de pathologique, elle fait partie de son développement, elle est ponctuellement tout à fait normale, on l'a vu. Elle peut aussi être accentuée par des expériences qui l'ont tout simplement frappé ou effrayé dans la journée. Les inquiétudes refoulées le jour resurgissent parfois pendant ou juste avant le sommeil.

N'ayez pas peur de ses peurs

Encore une fois, les peurs sont partie prenante de la petite enfance et passeront avec le temps. Il ne sert à rien de raisonner un petit qui a peur du noir, on peut seulement l'aider à la surmonter. Ainsi, en le retrouvant à la sortie de l'école, essayez de parler avec lui de ce qui le tracasse, le chagrine ou l'a choqué. Des grands se sont battus à la sortie ? Lors du retour ce soir, il y a eu une altercation violente entre deux automobilistes? Raconter à un adulte ses petits traumatismes le soulage, évite qu'il ne les «refoule», ce qui troublerait son endormissement. Ou encore, toujours pour qu'il se sente compris, pourquoi ne pas lui raconter des souvenirs de peurs qu'enfant, vous avez vous-même surmontées? En citant de préférence une appréhension qu'il n'a pas lui-même afin qu'il se sente plus fort que vous sur ce point. «Moi, quand j'avais trois ans, j'avais peur du vent! Tu te rends compte!»

Aidez-le également à trouver des ressources pour dépasser sa crainte en lui en rappelant certaines qu'il avait quand il était petit et qu'il a réussi à juguler. S'en souvient-il? La crainte d'aller dormir chez un copain, la peur de la mer...

Enfin, rien ne vous empêche non plus de lui donner une information rationnelle sur le jour et la nuit! Il n'y a aucune raison objective d'avoir peur de la nuit. Le jour et la nuit se succèdent depuis... la nuit des temps. Faites simple: la terre sur laquelle nous vivons est une grosse boule qui tourne sans arrêt sur elle-même et met vingt-quatre heures pour faire un tour complet. Alors, quand la partie de la terre où nous habitons est du côté du soleil, elle reçoit sa lumière, donc il fait jour. Mais, elle tourne peu à peu de l'autre côté, où il n'y a plus le soleil, elle n'est plus éclairée, et c'est la nuit. Et ainsi de suite. Voilà pourquoi demain il fera jour !

Petits jeux dans le noir

Parfois, jouer dans le noir est un bon remède pour conjurer cette peur. Pourquoi, de temps en temps, ne pas faire avec lui et ses frères et sœurs des petits jeux dans le noir ?
Vous éteignez la lumière. Vous dirigez le faisceau d'une lampe de poche sur le mur, son lit ou son pyjama, et votre enfant essaie d'attraper la tache de lumière fuyante et fragile. Ou encore, quand papa est rentré – ce sera plus rigolo –, partez chacun d'un bout de la pièce et avancez à tâtons. Vous avez peur de vous cogner dans l'autre, vous vous heurtez ou pas. Expérimenter le noir avec son corps, de façon ludique, est jubilatoire et fait monter l'adrénaline. Ainsi Jonathan, 5 ans et demi, qui « fait des aventures » dans le noir avec sa copine : elle a une baguette magique qui s'allume. Un soir, elle « avait mouru » à côté de lui. Mais vite il a pris la baguette près d'elle et elle « a revi ». Enfin, vous pouvez aussi lui raconter un conte dans la pénombre, une belle façon de la rendre moins hostile.

L'essentiel

La peur du noir n'a rien d'un caprice, soyez-y attentif. À un moment ou un autre, la plupart des petits connaissent ce passage obligé de leur évolution et de leur condition d'enfant. Un tout-petit se sent plus vulnérable dans l'obscurité, l'immobilité, le silence. Il lui est alors difficile de contrôler ses inquiétudes.

Ce n'est pas seulement l'obscurité qui fait peur, mais aussi ce qu'elle favorise : l'emballement de son imagination, sa vie intérieure bouillonnante qui prennent le dessus. L'enfant découvre une part obscure de lui-même et la montée d'émotions et de sentiments inconnus, souvent effrayants.

L'important est d'accompagner sa crainte du noir, de rester à son écoute en l'aidant à l'apprivoiser. Tout en sachant que grandir, c'est aussi apprendre à affronter ses peurs. Quand il parvient à en triompher, l'enfant gagne confiance en lui et se sent plus fort.

Chapitre 2
Quand les monstres arrivent

Vous croyez avoir parfaitement préparé sa plongée dans la nuit, mais voilà les monstres qui déboulent dans sa chambre. Vos câlins n'y font rien.

Une porte de placard restée entrouverte se fait bouche béante; une bosse sur la couverture devient un dragon; le rideau a bougé, un fantôme est entré; le bruit du lave-vaisselle est un rugissement de bête; un bruissement d'air devient présence monstrueuse; le plancher a craqué, un voleur est là, avec son grand couteau – les objets de tous les jours mettent ainsi leurs costumes de fantômes et de monstres. Vous enlevez donc le tableau ou la marionnette qui l'effraie, ainsi que les vêtements suspendus au cintre. Vous le laissez même installer au seuil de sa chambre une pyramide de peluches pour empêcher le loup d'entrer, vous refermez la porte du placard et la fenêtre afin que le rideau ne bouge plus. Mais vous aurez beau retirer tout ce qui lui semble menaçant, vous n'arriverez pas à chasser les ombres de la nuit ni à trouver le monstre.

Mais pourquoi voit-il des monstres partout…

… justement quand il va au lit et s'apprête à fermer les yeux pour dormir ? Lisa, 6 ans, dort chaque nuit le corps entièrement enfoui sous sa couette jusqu'au bout du nez, y compris les bras. Elle a peur que « les méchants, tapis sous son lit ne surgissent et coupent tout ce qui dépasse de son corps ». Tom est tellement tétanisé de terreur par les épaules d'ogre que dessine le fauteuil dans la pénombre qu'il est incapable d'appeler ses parents.

La peur des monstres commence vers deux ans, avec le développement de la vie psychique de l'enfant et de son imagination ! À cet âge, il ne fait pas encore la différence entre imaginaire et réalité. Tout est possible : maman peut devenir sorcière, et elle le devient quand elle se fâche. Papa peut se faire dragon. L'inquiétante atmosphère de la nuit favorise l'emballement de cet imaginaire qui ouvre la voie à toutes les fabulations, dans ce moment désigné comme « entre chien et loup » à la tombée du jour ! L'heure de tous les dangers, entre le chien, symbole de l'animal familier-rassurant, et le loup, toujours menaçant. Alors, quand la réalité familière de l'enfant est brouillée et déformée par l'obscurité, apparaît cette mise en scène fantasmagorique de diables, squelettes ou vampires.

Les monstres sont dans sa tête

En fait, ces monstres sont la projection à l'extérieur de lui-même du « monstrueux » qui est en lui. L'enfant, au moment où il est en proie à sa vie fantasmatique, projette en dehors de lui ses monstres du dedans, c'est-à-dire tous ses désirs et pulsions difficiles à maîtriser : mauvaises humeurs, petites hontes, colères d'impuissance, rages de frustration, sentiments de jalousie. Tous ces croquemitaines à griffes pointues qui envahissent son domaine représentent ses propres « méchancetés ». Terrible d'oser penser à toutes ces horreurs intérieures ! Mieux vaut les transformer en monstres extérieurs !

Une armée de punisseurs imaginaires

Qu'il parle de voleurs ou de bandits qui pourraient entrer (une réalité possible) ou qu'il parle de monstres ou de dragons (personnages imaginaires), il s'agit de la même peur. Comme on l'a vu, l'imagination qui sécrète ces drôles de créatures est le moyen normal qu'a l'enfant d'approcher et d'apprivoiser peu à peu les conflits et «mauvais sentiments» qui le débordent et l'effraient. Mais, problème, il ne s'en débarrasse pas pour autant et pense qu'il pourrait bien en être puni. Les dragons, sorcières, voleurs, ogres, fantômes, loups et autres tigres à dents de sabre qu'il «voit» le soir, se retournent contre lui parce qu'il se sent coupable de telles pulsions. Tous ces monstres figurent alors non seulement ses démons intérieurs mais aussi les punisseurs qu'il se donne à lui-même. Un sentiment de persécution l'envahit quand il est dans l'ombre, inoccupé, immobile, démuni.

Les histoires qui font peur? C'est bon pour la peur!

Mais alors pourquoi réclame-t-il des histoires qui font peur? Eh oui, il adore se faire peur, lové dans les bras de papa ou maman. Il se délecte d'histoires cruelles qui font trembler. Paradoxalement, elles le rassurent en donnant une forme et une réalité concrètes à ses peurs. La mise en images et en mots des terreurs qui le traversent lui permet de les tenir à distance. Ces aventures qui donnent la chair de poule l'aident à voir clair dans ses propres émotions, à élaborer ses peurs et ses pulsions et à les endiguer, car elles sont partagées par d'autres petits héros qui lui ressemblent. Les voilà alors plus compréhensibles et plus maîtrisables. D'autant que les monstres campés dans les albums d'aujourd'hui ont été inventés pour la bonne cause et sont plutôt grotesques et dérisoires. Ainsi, l'album de Servane Bayle et Pascal Vicollet *Ouste les monstres !* tourne en ridicule les fantômes et autres yétis et donne des recettes pour les chasser de sa chambre. Le petit lecteur ne s'y trompe pas : ils font peur « pour de rire ». Voilà qui lui laisse la possibilité de s'amuser de ses propres inquiétudes.

Souvent aussi, les histoires qui font peur – en particulier les contes traditionnels – racontent le succès au final du petit héros sur le monstre ou le loup : le nain triomphe de l'ogre, un tout-petit roule une grosse brute. Autant de victoires par procuration, de progrès accomplis sur les aspects sauvages et indomptés de sa petite personne. Donc oui aux récits et contes «à frissonner», ils sont initiatiques et n'augmentent pas sa peur, mieux, ils lui font du bien!

Le cas de *Max et les Maximonstres*

Cet album écrit par Maurice Sendak en 1963 illustre merveilleusement ce que peut être la vie intérieure d'un enfant seul dans sa chambre, le soir. C'est probablement pour cela qu'il est un best-seller depuis plus de quarante ans! L'histoire? Max est en colère contre sa maman qui l'a puni pour toutes les bêtises qu'il vient de faire dans la journée: piquer le chien avec une fourchette, faire un trou dans le mur pour y suspendre son doudou! Il se retrouve donc tout seul dans sa chambre, sans manger. Au lieu de trépigner de rage contre sa mère, il laisse partir son imagination et s'invente son histoire de monstres. Dans un rêve éveillé qui émane du fond de son inconscient, il s'enfuit très loin, embarque pour l'île des «Maximonstres» dont il devient le roi. Des Maximonstres qui pourraient bien figurer toutes ces facettes sauvages cachées au fond de lui et qu'il a senties se déchaîner peu avant contre maman. Enfin, Max, le petit héros de l'histoire, après s'être défoulé en pensée dans une folle sarabande avec ces monstres, se lasse, il ne rêve plus que d'une chose : rentrer chez lui, revenir à la réalité, retrouver la douce chaleur de maman qui ne l'a pas oublié, qui l'aime malgré ses colères et ses bêtises, et le lui prouve. À la fin du livre, quand Max revient dans sa chambre, son dîner l'attend. Tout chaud. Moralité de la fable : quand on a réussi par l'imagination à se décharger de ses tourments, on peut s'endormir apaisé.

Les monstres, c'est pas en vrai

Rappelez-lui cette vérité élémentaire : les monstres n'existent pas ! Pas plus que les vampires et les diables. « Ils nous font peur, même si nous savons tous les deux qu'ils n'existent pas. Ton imagination t'a fait une farce, elle s'est amusée à transformer la marionnette en sorcière, à donner à ta poupée un air méchant ! Le rideau bouge parce que la fenêtre entrouverte laisse passer un peu d'air. Regarde, le portemanteau n'est pas une vieille aux doigts crochus ! » Si vos mots ne parviennent pas à le rassurer, allumez la lumière et les fantômes se dissiperont peut-être. Attention toutefois, même si les monstres, « c'est pas en vrai », la frayeur, elle, est bien réelle. Écoutez-le, ne vous moquez pas, même si le motif vous paraît ridicule, comme sont tentés peut-être de le faire ses frères et sœurs. Il sera déjà réconforté si vous le croyez et lui assurez que vous veillez sur lui. Mais surtout, ne cherchez pas à lui expliquer, ni à interpréter ses monstres à lui. C'est un jardin fantasmatique, certes, mais c'est son jardin secret.

Chercher ou pas le monstre avec lui ?

Cela dépend des enfants, de leur âge. Avant 4 ans, il est important de les aider à s'y retrouver entre réel et imaginaire. À certains, vos propos fermes et rassurants suffiront et si vous vous mettiez à vérifier, là, derrière le rideau, que le loup n'y est pas, vous leur suggériez qu'il peut y être, les confortant dans leur raison d'avoir peur. D'autres au contraire auront besoin que vous fassiez scrupuleusement le tour de leur chambre, ou que vous cherchiez sous le lit, pour être vraiment convaincus.
Chaque parent trouve ses propres astuces, comme cette maman qui pulvérise un coup de bombe insecticide pour chasser les fantômes et ça marche ! Mais attention tout de même de ne pas trop en faire : si vous délirez sans mesure avec eux, vous ne les sécurisez pas. L'enfant aura sans doute lui aussi ses pouvoirs anti-

monstres, son objet fétiche pour faire face à la menace, comme Victor qui a toujours un revolver en plastique sous son oreiller. Ou Arnaud qui met une épée de chevalier sous son lit. Là aussi, ne laissez pas un enfant aller trop loin, comme ce petit garçon qui avait convaincu son père de planter des clous pour tendre un piège aux monstres !

Repérez l'heure de l'endormissement

Plus votre enfant plongera aisément et rapidement dans le sommeil, moins il risquera, en l'attendant, de laisser partir son imagination féconde et d'avoir à se battre contre les chimères ! Alors repérez bien l'heure d'arrivée de son train du sommeil pour qu'il ne le rate pas. Et laissez une veilleuse s'il la réclame. C'est le meilleur antidote, comme le fait dire James Matthew Barrie à l'un de ses personnages, dans *Peter Pan*, à l'heure où le pays de l'Imaginaire se fait inquiétant :

« Est-ce qu'il peut nous arriver quelque chose de mal, maman, du moment que les veilleuses sont allumées ?

– Rien, mon trésor, répond-elle. Les veilleuses sont les yeux que la maman laisse derrière elle pour protéger ses enfants. »

Les protéger, oui, les élever sous cloche, non

Quoi qu'il en soit, vous ne pourrez pas faire l'économie de ces peurs. La plupart des petits en passent par là et la peur fait partie des expériences pour devenir grand. Vaincre sa peur des monstres, de la pénombre et de ses ombres, cela demande une certaine maturité, faites confiance au temps. Être un bon parent n'est pas vouloir protéger ses enfants de toutes les inquiétudes et émotions. Un enfant se construit aussi à partir des épreuves et des difficultés rencontrées sur son chemin. Le but de l'éducation est de l'aider à les affronter, de lui apprendre à les dépasser tout seul. Et parfois de le laisser vivre ces peurs pour qu'il s'adapte à la réalité.

L'essentiel

Les monstres constituent une des peurs traditionnelles de la petite enfance et incarnent les fantasmes, angoisses et culpabilités de cet âge.

L'imagination de l'enfant dans l'obscurité s'appuie sur les éléments déformés de son monde familier pour s'envoler dans toutes sortes de divagations.

- Vous devez le rassurer, mais vous ne pourrez pas empêcher les monstres de surgir de sa vie intérieure.

- La meilleure façon de ratatiner les monstres, c'est de coucher votre enfant quand il tombe de fatigue.

- Oui aux histoires de sorcières, brigands et autres diables qui génèrent une peur jubilatoire et libératrice.

Chapitre 3
Le rituel du coucher n'est pas un luxe

Contrairement à ce qu'on pense, beaucoup de petits, encore aujourd'hui, ne sont accompagnés le soir que par un rapide bisou. Pourtant, ces rites intimes et familiaux entre l'enfant et son papa ou sa maman ne sont pas un gadget, mais une réelle sécurisation. Le rituel du soir conjure les peurs et donne sa couleur à la nuit.

Le sommeil est une des fonctions fondamentales de l'être humain qui participe de son bon développement, et il est important que l'enfant ait un nombre d'heures de sommeil suffisant. S'il se réveille facilement le matin, qu'il est en pleine forme toute la journée, c'est qu'il a dormi son compte d'heures. Les besoins de sommeil varient d'un enfant à l'autre et, très tôt, on repère les marmottes et les petits dormeurs. Chacun a son horloge biologique qu'il faut contrarier le moins possible. Le jeu en vaut la chandelle, partez à la découverte du sommeil de votre enfant en vous mettant à l'écoute du rythme qui lui est propre.

Les plis et replis de la nuit

Pour embarquer votre enfant dans le train du sommeil quand celui-ci se présente, vous avez besoin d'en savoir un peu plus sur la petite mécanique du sommeil. Une nuit comporte une succession de 4 à 6 cycles – ou trains du sommeil – d'environ 1 heure 30 à 2 heures chacun. Dans chaque cycle, il y a des phases différentes en qualité et en durée, des étapes plus importantes et plus fragiles que d'autres. Ainsi pendant les 20 premières minutes de chaque cycle (ou train), le dormeur est en sommeil léger. Puis durant environ 1 heure et demie, il sombre dans un sommeil profond. En revanche, entre deux cycles, le sommeil s'allège et, pendant ces quelques minutes de sommeil léger, il arrive même que l'enfant se réveille presque, avant de replonger dans un nouveau cycle, s'il n'a pas encore suffisamment rechargé ses batteries.
C'est dans la première partie de chaque train de sommeil qu'il récupère physiquement, se refait une énergie

en dormant d'un sommeil lent profond. Puis, à la fin de chaque train, vient une courte phase de sommeil dit paradoxal, qui est celui de la récupération psychique. Paradoxal parce que le cerveau est alors en intense activité : c'est en particulier le temps des rêves et des cauchemars qui permettent de digérer les émotions de la journée. Il est utile d'observer votre enfant : au matin, à la fin d'un cycle, s'il ouvre naturellement les yeux, c'est qu'il a dormi son comptant. Quand vous devez le réveiller, essayez de calculer à peu près le passage de cette phase transitoire, vous éviterez ainsi de casser un cycle. Des signes la rendent repérable, il respire irrégulièrement, change de position dans son lit. Caressez-lui la joue, ouvrez les volets, il s'éveille de bonne humeur de sa bulle de douceur s'il a bien dormi.

À la bonne heure !

Pour affiner votre tactique au moment du coucher et mieux « programmer » son heure, observez, par exemple, votre enfant pendant une semaine de congé, quand il est libre de vivre selon sa nature. Notez chaque jour son heure d'endormissement et son heure de réveil naturel. Vous en déduirez le nombre d'heures dont il a besoin et il vous restera, à la rentrée, à choisir judicieusement le moment du coucher, la meilleure heure, en fonction de son horaire de réveil spontané du matin, de façon qu'il dorme tout son saoul. Pour chaque enfant, le train du sommeil passe toujours à peu près à la même heure. Il suffit d'être attentif aux signes de baisse de vigilance. Ils sont, pour chacun, toujours les mêmes: l'un bâille, se frotte les yeux, se touche l'oreille, tortille une mèche de cheveux, l'autre pleurniche, chouine, se replie sur lui-même, prend son pouce et son doudou. Un autre est dans la surexcitation et vous n'arrivez plus à le calmer. L'un de vos enfants peut avoir son train qui passe à 19 heures 30, l'autre à 20 heures, le plus petit, dès 18 heures 30. Gare! Si vous laissez passer ce coup de fatigue, vous devrez attendre le passage du train suivant 1 heure 30 à 2 heures plus tard. Alors respectez l'horaire! Et préparez son embarquement.

Le rituel avec l'un des deux parents: obligatoire!

Pour amener l'enfant jusqu'au seuil de la plongée nocturne, la présence de l'un des deux parents est indispensable. Aujourd'hui, trop d'adultes délèguent ce moment

à des gadgets berceurs, parleurs ou endormeurs, alors qu'ils sont absents une grande partie de la journée. Or aucun appareil – mobile musical, CD de berceuse ou d'histoires, lit à matelas vibreur, veilleuse ou doudou avec voix de la mère enregistrée – ne peut remplacer l'échange avec l'un des parents au moment de la longue séparation du soir. C'est un témoignage d'amour qui le met dans de bonnes conditions pour s'endormir. Accordez-lui ce moment de disponibilité et d'intimité en faisant avec lui ce qui vous fait plaisir à tous deux.
Il n'y a pas de rituel type. Quels que soient sa forme et son contenu, il permet à l'enfant de décrocher des activités de la journée et de se glisser dans le rythme nocturne. Pour le reste, à chaque famille ses coutumes et ses traditions, sa douce habitude. Qu'on lise une histoire, qu'on chante, qu'on dise une prière, qu'on mette de la musique, qu'on dialogue un moment, tout est bon pour apaiser les appréhensions et faciliter le saut dans la nuit.

À chacun sa petite cérémonie

Capucine, couchée par son papa, lui réclame une histoire de dragons qui dévore les petits enfants, et lorsqu'elle est couchée par sa maman, elle lui demande celle du lapin bleu qui va faire des prouesses, tandis que sa petite sœur, qui n'est qu'un bébé lapin, reste dans son berceau. Le rituel n'est pas figé et peut évoluer en fonction de l'âge de l'enfant, de sa personnalité et des circonstances. Si vous avez trois enfants, vous risquez d'en accomplir trois différents ! Évitez l'histoire lue dans la chambre de l'un, mais destinée aux trois. Même si cela vous demande du temps, un moment passé avec chacun change tout dans son acceptation de la nuit.

Jusqu'à quel âge?

Ce moment béni de relations du soir, rien qu'à lui, l'enfant en a souvent besoin toute son enfance ! En tout cas, jusqu'à ce qu'il puisse vivre ce passage à la nuit sans anxiété. Ne vous y trompez pas, ce n'est pas parce que « maintenant, à 7 ans, il sait lire » qu'il faut arrêter la tendre habitude de l'histoire ! Certains n'en ont plus besoin dès lors qu'ils savent lire parce qu'ils s'apaisent tout seuls, d'autres en ont besoin jusqu'à 10 ans, voire plus. Il n'y a pas d'âge butoir qui sonne la fin des rituels. Même chez les plus grands, et parfois les adolescents, n'entend-on pas encore la petite phrase : « Tu viendras me faire un bisou avant de te coucher ? »

Soignez l'ambiance

Si votre tout-petit craint particulièrement le noir, peut-être lui offrirez-vous vos paroles apaisantes en lui montrant par la fenêtre les maisons endormies, la vôtre sur le point de s'endormir : « Tu vois, tout le monde dort, tout le monde ferme les yeux pour se reposer, papy, mamie, le chien, le chat, ta maîtresse, ta tortue, ton copain Arthur, ton poisson. Cela fait du bien. Après, quand on se réveille on est plus fort. Et puis, tu sais, c'est la nuit que ton corps grandit. » Justement, vous préparerez ses vêtements sur la chaise. Ou vous annoncerez la journée du lendemain : « Tu te rappelles, marraine vient déjeuner », autant de façons de le projeter vers le jour prochain, de le situer dans la durée et le déroulement du temps, rythmé par la succession des jours et des nuits.

Et quand l'atmosphère est chargée ?

Parfois, l'ambiance du coucher est lourde de vos préoccupations et des tensions particulières de la maisonnée. Quand Sabine rentre le soir, il lui faut dépasser sa fatigue et laisser ses soucis au portemanteau, puis tout assumer de front : le bain, le dîner, les devoirs, l'histoire.

Ses fins de journée se déroulent souvent dans une ambiance un peu survoltée, en tout cas pas comme elle l'avait espéré parfois. Pour les parents qui travaillent, ce «coup de feu du soir» se passe mal.
Vous êtes peut-être tout seul à tout gérer, vous vous êtes disputé avec votre conjoint ou avec un collègue. Difficile de se départir des pesanteurs de ses journées. Mais n'oubliez pas que dans la façon dont vous allez dire à votre enfant: «Va te coucher», il percevra toute la palette de vos émotions: la culpabilité de l'avoir trop peu vu, l'exaspération, le désir des retrouvailles avec votre compagnon. S'il sent que vous l'expédiez au lit, il risquera de faire de la résistance car il aura l'impression que vous vous débarrassez de lui. Et ne nous faisons pas d'illusions, le soir, nous ne retrouvons pas non plus l'enfant idéal dont nous avons rêvé toute la journée mais un petit bonhomme qui a, lui aussi, des attentes et des humeurs. Il se montre grognon, préoccupé, en colère; il est inquiet; il vient de se faire gronder; il a un contrôle le lendemain; il s'est disputé avec son meilleur copain. Que faisons-nous alors? Souvent, nous le bombardons de questions: «Oh! là là, tu as eu une mauvaise note?» «Alors, la maîtresse t'a encore puni?» Ou: «Tu t'es fâché avec ton copain?» Mais l'interrogatoire ne donne rien car notre petit interviewé ne se défait pas comme cela de ses secrets. Pour

communiquer avec lui sans intrusion et lui permettre d'exprimer son vague à l'âme et ses petits tracas, il y a peut-être la solution de l'histoire lue ensemble. C'est comme un objet transitionnel, un support de confidences.

L'histoire, tendre remède

Votre enfant est triste, préoccupé, découragé ? L'histoire vous reliera à lui. Vous en serez vous-même surpris(e). Un album, un conte, un petit roman, c'est une image, une idée ou une émotion à caresser à deux. Et elle permet très souvent une identification rassurante au petit héros. Le livre parle à l'enfant d'un autre lui-même (lapin qui s'est brouillé avec son compère, souris timide, princesse enfermée dans un donjon) qui lui ressemble quelque part et l'encourage à se confier. Vous recueillerez sûrement les soucis, les chagrins et les bonheurs du jour de manière beaucoup plus efficace qu'en les abordant frontalement : « Ce jour-là, Mimi la Souris partait à l'école. » Le voilà porté par la douceur de votre voix qui le délivre du réel tout en contenant ses angoisses : on s'installe, on fait silence, on ne bouge plus, on baisse les lumières. Et vous, parent conteur, vous êtes également emporté par le fil de l'histoire, loin des

querelles et des ennuis de la journée. Magique! Pour que l'alchimie opère, n'oubliez pas de vous impliquer. On met le ton! On ne bâcle pas! Vous risqueriez qu'il vous en demande une autre et encore une autre.
Le récit du soir est comme le caillou blanc dont le Petit Poucet se saisit avant de se perdre dans la nuit. Nos grand-mères le sentaient quand elles disaient: «Prends un livre pour t'endormir.» Car une histoire a le don d'immobiliser et de calmer le corps de l'enfant, comme enveloppé pour le voyage dans les ténèbres dans un bain de paroles. Lisez la alors qu'il est déjà dans son lit et vous à côté, plutôt que dans votre lit ou sur le canapé du salon. Il veut toujours la même? Ne vous étonnez pas s'il la connaît par cœur ou vous reprend si vous sautez un mot ou en dites un autre. Tant qu'il s'en nourrira, n'en aura pas épuisé le sens, il la redemandera. Vous en aurez peut-être assez de «Koumba-la-douce et Koumba-la-méchante» ou des «Asticots qui s'asticotent», mais lui pas du tout. La répétition le réconforte.

Manies et objets rassurants

La plupart des enfants ont au moins un doudou dans leur lit et beaucoup l'ont rempli d'un arsenal de nou-

nours, veilleuses, jouets divers ou tétines, autant d'objets conjuratoires et réconfortants qui servent de viatique pour la nuit.
L'enfant peut avoir besoin d'un doudou dès 8-9 mois, au moment de l'angoisse de séparation, quand il prend conscience que sa maman est un être différent et séparé de lui et lorsqu'il a notion de son absence si elle s'en va. Le doudou est l'objet transitionnel qui l'aide à conserver en lui l'image de maman et à accepter son départ. Et, en particulier, quand il est seul le soir. Nono, Sousou ou Pinpin, c'est comme un copain fidèle qui lui tient compagnie, entend ses secrets, le comprend. Mais si un soir le doudou est introuvable, perdu ou oublié à la crèche ? N'en faites pas un drame. Glissez-lui avec le bon sens de la maman de Léo : « Ce soir, tu n'as pas Pinpin, mais je suis là, moi ! »
Quant à ses petites tyrannies, elles sont normales. Il faut disposer les peluches ici et non pas là, laisser la porte ouverte jusqu'à la troisième latte du parquet, tourner le cheval de bois vers le mur, disposer les chaussons le long de la plinthe. Chacun ses manies. Les dents, le pipi, le doudou, l'histoire des dix petits princes, le câlin, le bisou ? Là encore, rien de mieux que la routine. Le répétitif sécurise : un éternel recommencement, immuable. Cette façon de baliser le chemin qui mène à la sépa-

ration donne des repères et confirme que la nuit va bien se passer, comme la précédente.

Attention, un rituel doit avoir un début et une fin !

Oui aux rites qui perdurent et se répètent au fil des mois. Non au rituel qui joue les prolongations. Donnez-lui un laps de temps avec des limites fermes.
Annoncez une histoire ou deux histoires, et tenez-vous y ! Lorette la Pâquerette, Luce la Puce, d'accord, mais pas, en plus, Pat le Mille-pattes ! En n'instaurant pas de limites, vous vous exposez chaque soir à la surenchère de négociations, à des supplications, à une forme d'esclavage, en somme. Encore un bisou, un verre d'eau, la porte plus ouverte, papa n'est pas venu me voir, j'ai trop chaud, y a un crocodile dans mon placard. Il usera de tous les stratagèmes pour vous retenir. Plus vous restez longtemps auprès de lui, moins vous l'apaisez car vous le confortez dans l'idée qu'il est difficile d'affronter la nuit tout seul. Alors à la fin de la petite cérémonie, quittez la pièce même si vous avez l'impression de rompre le charme de ces instants précieux. Un dernier baiser et on dit d'un ton assuré : « Fais de beaux rêves, à demain. »

Cette couverture de mots dont vous l'avez drapé, il peut la savourer encore au milieu des ténèbres quand vous n'êtes plus là, s'en délecter, s'y accrocher, la réentendre en lui-même, s'en bercer pendant qu'il s'endort.

On éteint ou pas?

Si votre enfant ne demande pas de lumière, n'en mettez pas! On s'endort plus facilement dans l'obscurité, les scientifiques l'ont prouvé: la mélatonine, qui déclenche le sommeil, est sécrétée par l'épiphyse à la faveur de l'obscurité. Et s'il se passe de lumière, soyez contents, c'est qu'il réussit tout seul à apprivoiser le noir. Il en demande une? La lui refuser («Allez, j'éteins, on dort mieux dans le noir»!), ce serait nier sa peur, décider à sa place que tout va bien, ne pas l'écouter. Installez-lui une veilleuse. Mais attention à l'engrenage infernal des lumières. Lui en accorder une ne veut pas dire se plier, comme certains parents, à ce type d'escalade: mettre des lumières d'intensité différente pour accompagner toutes les phases du coucher, du déshabillage au câlin, ou équiper la chambre d'une demi-douzaine d'étoiles ou nounours phosphorescents qui s'allument au simple contact. Un peu délirant, non?

Quelques solutions

Parfois, les parents choisissent de faire dormir les enfants dans la même chambre. Peut-être une solution. Certains n'ont plus peur dès que d'autres dorment avec eux. Quelquefois, au contraire, être avec le petit frère est plutôt encombrant, surtout si la jalousie vous taraude et vous donne une furieuse envie de le jeter à la poubelle.
Dans beaucoup de familles, on allume la lumière du couloir et on laisse la porte entrouverte, ce qui diffuse une douce clarté. Toute la nuit ou pas ? Cela dépend de chaque enfant. Si le vôtre, qui s'est endormi avec un rai de lumière, se réveille en pleine nuit, perdu et angoissé de se retrouver dans le noir, n'éteignez pas quand vous allez vous coucher. Vous pouvez aussi, soit lui mettre à côté de son lit une lampe qu'il peut allumer seul, soit une mini-lampe de poche sous son oreiller. S'il a un peu peur, c'est lui qui décidera de l'allumer. Une manière efficace de le responsabiliser et de le rendre maître de la situation.

L'essentiel

- Le rituel du soir sécurise l'enfant et l'aide à embarquer sereinement au royaume du sommeil. C'est une transition en douceur, un sas entre la proximité avec les parents et leur éloignement.

- Pour constituer les prémices d'une nuit paisible, cette petite cérémonie doit être judicieusement dosée : pas de coucher bâclé, style : « Allez au lit », ni de rituel extensible !

- Le rituel doit être individuel et personnalisé pour chaque enfant. Peu importe son contenu, du moment qu'il constitue un instant d'échanges privilégiés, propice aux confidences, qui rétablit le dialogue interrompu dans la journée.

Chapitre 4
Du côté des parents

L'adulte garde longtemps présent en lui le souvenir de ses propres couchers d'enfance et, éventuellement, leurs lots de petites terreurs. La façon dont vous parlerez de la nuit et du noir dépend beaucoup de celle dont, petit, vous avez été vous-même accompagné ou pas, dans ces moments-là, par vos propres parents.

Il ne s'agit pas de faire la sourde oreille à ses appels du soir, ni à son besoin d'aide. Mais rester à côté de votre enfant jusqu'à ce qu'il s'endorme est une fausse bonne idée : lui tenir la main, une mèche de cheveux, vous allonger près de lui, mettre votre matelas à côté de son lit. Cela ne l'aide pas. Comme on l'a vu, plus vous restez auprès de lui, moins vous le rassurez. Vous lui transmettez plutôt que vous ne pouvez pas le lâcher seul dans cette nuit dangereuse ! Et en lui permettant d'avoir toujours l'un de ses parents « sous la main », vous devenez le doudou de votre enfant et vous l'empêchez de traverser la nuit en confiance.

Interrogez-vous : pourquoi ne le lâchez-vous pas ?

Parce que vous le voyez vraiment terrifié ? Parce que vous vous inquiétez déjà par avance qu'il ne dorme pas ? Ou parce que sa petite appréhension vous renvoie à vos angoisses personnelles ? Souvent, quand un parent se laisse prendre à des exigences tous azimuts de lumières et d'accompagnement qui n'en finissent plus et autres situations incroyables, c'est que les peurs de son enfant font écho aux siennes. Combien d'adultes ont toujours cette crainte du noir et ne l'avouent guère ? C'est le moment d'une petite introspection : vous êtes toujours un peu oppressé le soir ? Vous n'aimez pas beaucoup dormir ? Cela vous semble du temps perdu et vous retardez sans cesse ce rendez-vous avec le sommeil ? Vous avez souvent tendance, dans la vie, à vous sentir abandonné ? Vous avez du mal avec les séparations ? Dans votre histoire de vie, vous avez peut-être des souvenirs d'abandon, de ruptures ou de deuils difficiles. Et, pour une raison ou pour une autre, vous avez sans doute autant de peine à vous séparer de votre enfant que lui de vous.

Marqué par votre propre histoire?

Peut-être à votre insu, interprétez-vous ses demandes et manifestations de peur à travers le prisme de votre mémoire. Comment vous rassurait-on petit? Vous a-t-on laissé pleurer, bébé, le soir? Vos parents avaient-ils un principe bien arrêté qui était de ne pas consoler un bébé en larmes au moment du coucher? («Ça passera tout seul»). C'est le souvenir de Christophe, 30 ans, qui, avec une patience infinie, couche sa petite Salomé le soir. «Ma fille n'arrive pas à s'endormir, confie-t-il, car elle a peur. Comme moi quand j'étais petit.» Le père de Christophe l'élevait seul et, sans doute un peu perdu et démuni, lui assénait un «Tais-toi et dors!» en l'abandonnant sans pitié à ses angoisses. Il en a tellement souffert quand il avait 6 ans qu'il identifie sa fille à l'enfant triste qu'il était en répondant de façon trop docile à ses petites appréhensions. Et il met un point d'honneur le soir à rester aux côtés de Salomé jusqu'à «faire la fermeture». Elle l'a bien compris et profite de ce papa qui redoute tant pour elle une séparation sans appel.

Réparer ou répéter sa propre enfance

Si certains parents n'ont pas été suffisamment accompagnés petits, d'autres l'ont été à l'excès. Ainsi, Sophie. Sa mère ne la lâchait pas tant qu'elle n'était pas endormie et cela pouvait durer des heures. « J'avais 8-9 ans, raconte-t-elle, qu'elle restait encore à mes côtés pour m'endormir ! Elle me croyait malheureuse toute seule au fond de mon lit. En fait, ayant perdu sa sœur jumelle, c'est elle-même qu'elle consolait ainsi, elle qui ne pouvait pas rester seule, dans sa terreur de la nuit et de la mort. » En lui transmettant ses propres appréhensions, la maman endeuillée empêchait le sommeil de sa fille. Sophie avait perçu le « message » et se retenait de dormir pour faire oublier son chagrin à sa maman, lui montrer qu'elle, en tout cas, elle était bien vivante ! Sophie en a gardé encore aujourd'hui une résistance au sommeil (elle est insomniaque). Mais le sachant, elle se raisonne, surtout face à ses enfants. Et, quotidiennement, elle lutte avec elle-même pour ne pas répéter avec son petit David l'hyperprotection de sa mère. Après le câlin, elle pousse la porte.

Pas assez ou trop tolérants?

Si on a un passé de jeune dormeur un peu douloureux et qu'on a eu des parents intransigeants ou surprotecteurs, on se laisse guider, malgré soi, par cette expérience-là. Et elle risque de fausser notre interprétation dans notre relation avec nos enfants, d'influencer notre réaction. Pour l'un, celui qui fait de la résistance au coucher sera un capricieux, un empêcheur d'avoir une soirée tranquille. Tandis que pour l'autre, ce sera un enfant très anxieux. On échappe difficilement à son histoire.

Quelques pistes pour vous aider

Chacun fait ce qu'il peut et aide tant bien que mal ses enfants en fonction de sa propre relation à la nuit et de la peine qu'il a ou non à la traverser. Mais si au moment du coucher des enfants se réactivent ainsi nos éventuels tourments de petit garçon ou de petite fille, comment leur transmettre cette sécurité nocturne que l'on n'a pas soi-même reçue de ses parents? Beaucoup d'adultes, lorsqu'ils apprennent de leur mère qu'ils avaient petits les mêmes difficultés à s'endormir, pensent qu'ils ne pourront guère agir là-dessus: c'est familial!

Et souvent ils laissent ces troubles de l'endormissement faire leurs ravages. Pourtant, il ne s'agit pas d'un atavisme dont il serait impossible de se libérer.
Si vous vous sentez trop encombré par votre passé au point de vous noyer avec votre enfant dans la peur du noir, faites-vous aider par un psychologue. Et au quotidien, puisque votre relation au sommeil ou à la séparation n'est pas simple, déléguez le rituel du coucher à l'autre parent, après avoir donné le bisou. En particulier s'il se laisse moins attendrir que vous par les stratagèmes de vos bambins ! C'est toujours réconfortant aussi, pour un petit garçon ou une petite fille, de savoir que ses parents sont passés par là : « Moi aussi, tu sais, quand j'étais petit, j'avais peur du noir. » Il se sentira compris et cela vous soulagera de le dire. Il s'agit pour vous de montrer face au sommeil une attitude sereine, de contenir la peur de votre enfant, de le réconforter, sans la faire vôtre ni vous identifier à elle. Il n'y a pas de remède miracle. L'objectif est qu'il puisse un jour se passer de ses parents pour, de mieux en mieux, affronter ses peurs tout seul.

L'essentiel

- Selon que nous sommes récalcitrants ou empressés d'aller au lit, selon que nous sommes matinaux, «siesteurs», oiseaux de nuit ou insomniaques, nos enfants se feront une image du sommeil bien différente.

- Le rituel du coucher s'établit en fonction du plaisir partagé, mais aussi, à notre insu, de ce que nous avons connu petit, de l'accompagnement que nous avons reçu ou non de nos propres parents.

- Si dans notre enfance nous avons eu peur le soir, nous serons, le plus souvent, très tolérants aux peurs de notre enfant en voulant lui épargner le manque d'apaisement dont nous avons souffert.

- Nous élevons aussi nos enfants avec nos problématiques anciennes non résolues. Il y a des fantômes dans toutes les chambres enfantines et des visiteurs du passé oubliés des parents. Il est important d'en avoir conscience.

Chapitre 5
Des cris dans la nuit

Terreur nocturne ou cauchemar? Deux tempêtes de la nuit, souvent confondues par les parents. Pourtant, selon qu'il s'agit de l'un ou de l'autre, votre attitude ne sera pas la même.

«A peur. Un loup», dit Max, 2 ans et demi. «De l'eau. Je tombais dedans», raconte Hugo, 4 ans. Jusqu'à 4 ans, les cauchemars enfantins sont des images statiques, des fragments non scénarisés et le souvenir en est parfois confus. Mais plus l'enfant grandit, plus sa vie psychique se développe et plus ses cauchemars sont des histoires construites, avec rebondissements! Ainsi ce florilège recueilli dans une classe de CM1 : «La main d'un dragon sortait de la télé»; «Ma petite sœur était morte. J'étais avec elle, allongé dans la cave»; «Un fantôme noir ouvrait sa grande bouche pour me manger»; «Je suis arrivé à l'école tout nu»; «Une grande chauve-souris me pourchassait et je me suis retourné contre elle en me protégeant avec mon cartable»; «Un monsieur me tendait la main, et c'était une patte d'animal.» Votre enfant vous a sans doute un jour ou l'autre désarçonné par une de ces visions absurdes et angoissantes. Mais les cauchemars sont normaux et existent chez tous les enfants, comme chez les adultes!

Qu'est-ce qu'un cauchemar?

Le cauchemar survient quand le rêve ne remplit plus sa fonction de protecteur du sommeil. On dit que le rêve est le «gardien du sommeil», car en prenant et en amalgamant notre vécu, (préoccupations, désirs inassouvis, peurs), en représentant nos affects, il les détourne, les neutralise et nous permet ainsi de nous maintenir endormis. Mais il arrive que la machine se grippe. Quand ce mécanisme de symbolisation mis en œuvre dans le travail du rêve n'a pu s'enclencher pour canaliser les angoisses du rêveur, celles-ci le débordent. Et le cauchemar apparaît. L'angoisse casse les barrières des défenses, délie les pulsions et inonde le dormeur qui se réveille brutalement.

À quelle heure?

Les rêves, bons et mauvais, surviennent dans ces moments de sommeil lent et léger qui arrivent à la fin de chacun des six cycles de sommeil, qu'on appelle sommeil paradoxal (voir chapitre 3). Plus l'enfant est jeune, plus son temps de sommeil paradoxal est long, donc plus il rêve. Deux grandes heures de rêve par nuit, c'est le privilège de l'enfance entre 5 et 12 ans! Votre enfant rêve plusieurs fois par nuit, davantage en deuxième partie de nuit. Pourquoi? Parce que plus les heures passent, plus au sein de chacun des cycles de sommeil le temps de sommeil profond diminue, alors que le temps du sommeil paradoxal, celui des rêves (et des cauchemars) s'allonge. Quand le corps commence à être bien reposé, c'est au tour de l'esprit de récupérer. Et en fait, pour accomplir ce travail de restauration psychique, le cerveau endormi est en intense activité. Il fait un petit travail de «nettoyage», trie les souvenirs et les émotions de la journée, en extirpe certains. Et selon le résultat, ce seront les rêves ou les cauchemars qui surgiront. Votre enfant ne se souvient en général que des derniers rêves et c'est en deuxième partie de nuit qu'il a le plus de chances d'être réveillé en plein milieu, surtout en cas de cauchemar.

À partir de quel âge?

On parle de cauchemar dès que l'enfant parvient à mettre des mots sur ce qu'il a vu, à raconter un tant soit peu ce qui l'a terrifié. Comme la peur, ils surviennent en général vers 2 ans, lorsqu'il commence à acquérir un développement mental suffisant pour accéder à la pensée symbolique, c'est-à-dire qu'il est capable de fabriquer des images dans sa tête.
Vers 3-4 ans, il se met aussi à différencier ses rêves de la réalité, à comprendre que ces visions sortent de sa tête, qu'elles ne correspondent à rien de vrai dans sa chambre. Enfin, entre 3 et 9 ans, c'est la grande période des cauchemars. Pourquoi? Parce que le jour, il traverse aussi un âge de turbulences: grandes acquisitions, rentrées scolaires qui comptent double à la maternelle ou au CP, principales étapes du développement. Cela en fait des épreuves à digérer dans les mauvais rêves!

L'esprit endormi fait sa mise en scène

«Je dormais dans le lit superposé du haut et mon frère dans celui du bas. La tête de mon grand frère était en lévitation au-dessus de moi et me regardait.» Peut-être

la traduction en image d'une rivalité dans la fratrie? Drôle d'alchimie que le rêve. Mais où l'esprit va-t-il chercher tout cela? Un cauchemar se fabrique à partir des restes diurnes, même de menus événements ou incidents vécus par l'enfant la veille ou les jours précédents et qui peuvent nous sembler complètement anodins: disputes, petites frustrations, préoccupations, peurs, bobos et compagnie. Un chien a failli le mordre, une guêpe l'a poursuivi, ses parents l'ont perdu quelques minutes dans une grande surface, il a égaré son doudou, la doctoresse lui a fait un vaccin, un copain de la crèche lui a chipé sa voiture, maman s'est mise en colère et il craint qu'elle ne l'aime plus, le maître d'école lui a fait les gros yeux. Et voilà, il en rêve la nuit!
Les cauchemars transforment aussi en images visuelles les peurs plus profondes qu'ont traditionnellement tous les enfants: peur d'être abandonné, d'être laissé seul, angoisse de séparation, d'enfermement, crainte d'être englouti, dévoré, de tomber dans un trou. Ces peurs primitives vont se loger la nuit dans des décors de grottes sombres, caves obscures, de pénombre impossible à percer ou d'eaux profondes.
Parmi ces images, souvent inspirées chez les enfants de la réalité, figurent aussi des archétypes émanant de l'inconscient collectif. C'est un peu comme un héritage

de figures, transmis de génération en génération entre les êtres humains : il y a la sorcière, le dragon, le chevalier, le fantôme, l'araignée, les labyrinthes, le loup pour concrétiser les peurs. On les retrouve dans les contes, légendes, mythes et chansons enfantines. Il s'y ajoute encore les mythologies d'aujourd'hui, certaines images de méchants ou de sorciers issues des grandes sagas de la littérature fantastique. Et les enfants se les réapproprient dans leur imaginaire, leurs dessins et leurs rêves nocturnes. Quand ils grandissent, ceux qui empoisonnent leurs nuits deviennent plus « réels » : des bandits kidnappeurs, des voleurs d'enfants.

Ces « héros à l'envers » et autres bêtes malfaisantes des rêves surgissent de l'inconscient. Car ce n'est pas parce que les enfants n'ont pas encore beaucoup vécu qu'ils n'ont pas d'inconscient, même s'il est constitué de couches moins anciennes que les adultes. Pour fabriquer ses scénarios, le cauchemar, comme le rêve, va parfois chercher loin dans les souvenirs enfouis : secrets durs à garder, chagrin qu'il a fourré dans sa poche avec son mouchoir par-dessus, angoisses anciennes, désirs dont il n'ose pas parler, événements qu'il croyait avoir oubliés et qui réapparaissent tout à coup la nuit.

Pourquoi tant de monstres et d'animaux?

«Un monstre me souriait et s'est mis à avancer sur moi», raconte Charlotte, 9 ans. «Je suis dans un long couloir bleu avec des milliers de portes. Un sorcier aux pattes griffues me poursuit, confie Thibault, 7 ans. Des fois, il m'attrape, des fois je me perds dans le couloir, des fois je tombe dans un trou noir.» «Un chien-loup s'accrochait à mes jambes», explique Alice.

Rien d'étonnant à ce que les animaux remplissent leurs nuits, leur univers quotidien en est peuplé: leur chien, leur chat ou leur souris blanche, ceux qu'ils aiment retrouver dans leurs albums, films et dessins animés. Ils sont tantôt bienveillants – cheval, chien, oiseau, dauphin –, tantôt sèment la terreur – requin, crocodile, serpent, araignée, loup.

Ce bestiaire représenterait en fait les «instincts animaux», le côté pulsionnel et sauvage de la nature humaine que l'éducation met des années à essayer de dompter. Derrière ces méchantes bêtes et monstres, se cachent aussi bien sûr, tout simplement, des personnes de leur entourage qui leur font peur ou ont autorité sur eux: l'épicière qu'ils n'aiment pas, le dentiste ou le grand garçon de l'école qui sème la terreur dans la cour de récré. Voilà comment les animaux et divers étranges personnages des songes servent à déguiser et à masquer des éléments de la réalité du rêveur: personnes, peurs, désirs coupables. Clara, 8 ans, s'est vue poursuivie dans une forêt par toute sa famille métamorphosée en dragons!

Ces rêves exagèrent tout!

Ces rêves, ne les prenez surtout pas au pied de la lettre. Ils obéissent à un phénomène d'amplification, d'exagération des sentiments violents ou «meurtriers». Ainsi, si l'enfant a eu un minuscule problème dans la journée, le cauchemar en fait un drame! Le petit David a envie parfois de tuer cette maman méchante qui lui refuse tout. Eh bien, la nuit, il la transforme en araignée velue piégée dans sa toile. La voilà ainsi neutralisée. Son rêve réalise son fantasme de meurtre sans culpabilité. Ouf!
Cela dit, prudence quant au décryptage des rêves enfantins. Si le rêve est un message énigmatique issu de l'inconscient et porteur d'un sens, il n'existe pas de clé des songes toute prête, ni de symbolique toute tracée et qui serait adaptée à tous. L'énoncé du rêve et du cauchemar que peut recueillir un psychothérapeute est une des voies qui mènent à l'inconscient d'un enfant, et peut donc donner des indices concernant

ses problèmes, comme le fait le dessin, ses jeux ou ses modelages. Mais seul un professionnel peut tenter une interprétation symbolique à partir de la personnalité et du vécu du rêveur. Le cauchemar et le rêve ne sont pas des rébus à déchiffrer à tout prix!

Un cauchemar, c'est bon pour le moral

La plupart du temps, faire des mauvais rêves n'a rien de pathologique et ne doit pas inquiéter les parents. Ce n'est pas parce qu'Augustin rêve d'araignée ou de mort qu'il va mal. Ses cauchemars sont seulement une sorte de pièce de théâtre où son inconscient met en scène ses petites difficultés, ses émotions négatives, ses conflits rentrés, ses préoccupations, ce qui lui fait peur. Le cerveau décharge de cette façon ses affects qui remontent à la surface et se libèrent. Grâce au mauvais rêve, et bien que ce soit douloureux pour lui, les angoisses de l'enfant sont «mises sur la table». Tom, un petit garçon pourtant gai et vivant, ne savait toujours pas marcher à presque 20 mois. Le jour de ses premiers pas, il est ravi, rien de plus naturel. Cette conquête d'un nouvel espace le rend heureux. Mais en même temps, c'est une source de peur. C'est s'éloigner de papa et maman, s'émanciper, apprendre à être seul. Et toutes ces petites appréhensions ordinaires et quotidiennes ressortent en ce moment dans son drôle d'imagier de la nuit. De même, si Jérémie en dormant a vu le loup, c'est peut-être parce qu'il a peur en ce moment de ne pas être assez bon en foot avec ses copains, condition *sine qua non* pour être intégré dans la bande à la récré !

Voici encore Joseph, 7 ans : il vient d'avoir une petite sœur et, ces temps-ci, il raconte le matin des histoires de brigands qui enlèvent le bébé et le tuent. L'envie de s'en débarrasser surgit de façon travestie, derrière un scénario de vilains kidnappeurs. Le cauchemar permet à Joseph d'exprimer sa jalousie sans culpabilité manifeste : ce sont les bandits qui l'ont fait !

Utile pour comprendre ses difficultés

Si les cauchemars d'un enfant restent occasionnels, comme nous l'avons dit, pas de souci. Ils font partie du « devenir grand ». Mais s'il se met à en faire plusieurs fois par nuit, ou plusieurs fois par semaine, ou s'ils sont associés à d'autres troubles dans la journée (il est triste, ne joue pas, il est très agité, il n'a plus d'appétit.), enfin si

ces vilains rêves le poursuivent le ou les jours suivants, il faut peut-être chercher ce qui se cache derrière.
Il arrive aux enfants, comme aux adultes, de faire régulièrement le même cauchemar, ou un rêve qui tournent autour des mêmes images un peu obsédantes. Aurélie, 10 ans, est sur scène. Elle doit jouer du piano, le public est là, la salle est pleine, mais elle ne sait pas jouer du piano. L'horreur! Le rêve de l'examen à passer alors qu'on n'a rien révisé, celui de la chute, de l'égarement, le fait d'être dans une impasse, ou au bord du vide, sont le lot de beaucoup d'écoliers. Des cauchemars noirs cousus de fil blanc, qui veulent tous un peu dire la même chose: on perd pied face à une difficulté, on ne se considère pas à la hauteur, on se sent perdu, ou au pied du mur, on ne trouve pas sa place parmi les autres ou la fratrie. Ces cauchemars de manque de confiance en soi sont la chose du monde la mieux partagée… par les adultes aussi!

Quand les cauchemars deviennent une sonnette d'alarme

Lorsqu'ils persistent, ils peuvent vous alerter sur un problème encore non résolu. Certains malaises, inquiétudes ou difficultés relationnelles n'apparaissent qu'à travers le symptôme des cauchemars à répétition. L'enfant en proie à des salves de mauvais rêves peut avoir vu ou vécu quelque chose qui l'a choqué ou le tourmente vraiment. Une ou deux séances chez le psychologue suffisent souvent à dénouer l'inextricable. Ainsi, de peur des représailles des racketteurs, Valentin, 10 ans, n'osait pas dire à ses parents qu'il était régulièrement racketté et harcelé par la même bande, depuis des mois, à la sortie du collège. Ce sont ses nuits hantées qui ont mis la puce à l'oreille de ses parents et permis de découvrir ce qu'il subissait. Melchior, 8 ans, avait lui aussi son secret douloureux. Lorsque ses parents se sont séparés, il n'a rien laissé paraître, il n'a jamais pleuré. Mais huit mois après le divorce, alors qu'il vivait avec sa maman, il s'est mis à faire beaucoup de cauchemars, dont celui-ci : il est au volant d'une voiture, sans aucun adulte à l'intérieur, son petit frère derrière ; il ne sait pas où est son père. La voiture a sa vie propre, elle emmène son frère et lui comme une mécanique folle ; il ne peut plus la contrôler. C'est la voiture qui choisit la direction, il a peur de se « crasher », il se réveille en hurlant. Ce récit, qui semble presque transparent à sa maman, leur a donné l'occasion de parler ensemble. C'est déjà beaucoup. Tels sont les avantages du cauchemar : il permet aux parents de ne pas passer à côté d'une souffrance qui pourrait s'enkyster. Ce n'est pas le cauchemar en soi qui est thérapeutique, mais la prise de conscience qu'il provoque

Parfois, un appel au secours

Il arrive que l'ampleur des cauchemars dépasse largement les problèmes de la vie quotidienne et révèle de véritables blessures. Daphné, 9 ans, voit presque toutes les nuits un incendie dans son sommeil qui reproduit la scène de l'accident de voiture qu'elle a vécu avec ses parents, un an auparavant, et duquel toute la famille a miraculeusement réchappé. Au bout d'une dizaine de nuits au scénario inchangé, son traumatisme a pu être traité par un psychologue. De même pour Théo, 7 ans. Sa maman est morte quand il avait 2 ans et demi et cette mort lui a été totalement occultée. On lui a seulement dit que sa maman était «partie». Le croyant trop petit pour comprendre, et par peur de le faire souffrir, on ne lui rien expliqué, il n'a pas participé à l'enterrement. Ensuite, on l'a emmené de temps en temps sur la tombe. Pendant quatre ans, Théo n'a rien laissé paraître et puis, il s'est mis à faire et à refaire un cauchemar d'une noirceur terrible: il gravit une colline en portant sur son dos, dans un baluchon, sa maman morte. Il portait jusque-là tout seul, comme un fardeau très lourd, cette maman dont il n'avait jamais pu faire le deuil. Son rêve lui a enfin permis de déverser sa douleur et de l'exprimer avec des mots.

La terreur nocturne, un autre tumulte

Il pousse des hurlements? semble paniqué? Ses cris et son attitude sont aussi impressionnants que lors d'un mauvais rêve et peuvent prêter à confusion. Pourtant, il s'agit d'une terreur nocturne et, dès les premières secondes, vous pouvez voir la différence avec le cauchemar: votre petit s'assoit dans son lit, s'agite, transpire, crie, se débat, l'air paniqué. Il est comme «possédé», il a les yeux ouverts, fixes et hagards, mais il ne vous voit pas, ne vous entend pas, semble inaccessible. Et pour cause, il dort, et même très profondément! Si vous essayez de lui parler ou de le prendre dans vos bras, il se débat. Il ne s'agit donc pas du tout d'un cauchemar!

Souvent avant minuit

La terreur nocturne se produit généralement en première partie de la nuit, une à trois heures après l'endormissement. Elle surgit en phase de sommeil profond (le sommeil de récupération physique) et dure entre quelques secondes et quelques minutes. Elle s'arrête comme elle était venue, l'enfant se rendort de lui-même. Le phénomène touche à peine 3 % des 4-12 ans, principalement les garçons. Elles surviennent souvent par périodes et disparaissent généralement d'elles-mêmes au bout de quelques mois. Une anomalie de la nuit qui est beaucoup plus rare que le cauchemar et que la plupart des enfants ne connaissent pas.

Que faire ?

Sur le moment, surtout, n'intervenez pas ! Ne prenez pas votre enfant dans vos bras, ne lui parlez pas, il est inaccessible. Résistez à la tentation de le réveiller pour qu'il échappe à sa terreur, il est au plus profond de son sommeil. L'éveiller serait le faire remonter trop brutalement à la surface et il ne comprendrait pas. Mais surveillez-le, attendez la fin de l'épisode, il se calmera au bout de quelques minutes et continuera sa nuit. Et le lendemain ? Inutile d'en reparler car il ne s'en souviendra absolument pas. Lui commenter sa « crise » de la nuit risque plus de le perturber que de le rassurer. Ces terreurs impressionnantes ne laissent pas de traces au réveil, excepté dans la mémoire des parents.

Pourquoi ce dérèglement du sommeil?

C'est un trouble encore un peu mystérieux pour les spécialistes qui ont, néanmoins, cerné des facteurs déclenchants, entre autres le manque de sommeil. Quand un petit se couche le soir avec un surcroît de fatigue accumulée, il a un gros besoin de sommeil profond et il tombe littéralement dedans. Et, comme il dort trop profondément pour rattraper son retard, son cerveau «saute» le stade du sommeil paradoxal, celui plus léger des rêves, où s'évacuent, normalement, en images, ses émotions et ses tensions. Ce trop-plein n'a alors d'autre issue que de se décharger dans cet emballement physique incontrôlé. Comme si le petit dormeur n'avait que son corps pour lutter contre ce qui l'oppresse. La seule «prévention» possible est de ne pas priver un enfant de son sommeil. Il doit dormir son comptant, être couché à l'heure et faire la sieste s'il a moins de 4 ans.

Dans la journée, votre enfant « rentre » tout?

Ces drôles de manifestations nocturnes semblent toucher plus souvent les enfants réservés, introvertis, qui ont peu l'habitude d'exprimer leurs émotions le jour. Votre petit ange n'est pas souvent en colère, il semble n'avoir aucune agressivité, il pleure rarement? Tout ce qu'il contient et retient dans la journée ressort ainsi. Il peut donc y être davantage en proie à l'entrée à la maternelle, lors d'un changement de mode de garde, de la séparation des parents. En ce moment, Matthias, 4 ans, fait plusieurs terreurs nocturnes par semaine. La psychologue, aidée de ses parents, élucide le problème : il vient d'avoir un petit frère et papa et maman tolèrent mal qu'il exprime sa jalousie et son hostilité envers lui. Du jour où ils l'autorisent un peu plus, sans le traiter de méchant, à « bousculer » ce petit intrus et à exprimer directement son ressenti – « Je l'aime pas, quand est-ce qu'il repart? » –, ses terreurs nocturnes s'espacent pour finir par cesser.
Votre enfant en fait plusieurs par nuit? Cela vaut la peine de mener une petite enquête. De chercher s'il y a eu récemment dans sa vie un événement perturbant qu'il garde pour lui. Et, surtout s'il est d'un naturel pudique, essayez de l'amener à parler de ce qu'il ressent. Les mots, les siens et les vôtres, apaisent toujours.

L'essentiel

- La plupart du temps, les cauchemars sont anodins et plutôt bénéfiques. Mais ils peuvent être un clignotant à ne pas négliger s'ils sont fréquents ou récurrents.

- Il ne faut pas prendre les cauchemars à la lettre ni essayer de les décrypter. Les images que l'esprit fabrique dans le sommeil ont une symbolique complexe. Il n'y a pas de clé des songes unique, chacun a la sienne !

- Les terreurs nocturnes sont plus traumatisantes pour les parents que pour l'enfant. Elles sont spectaculaires, mais le plus souvent passagères et s'en vont comme elles étaient venues.

- Dans les terreurs nocturnes, la difficulté pour les parents est d'accepter de ne rien faire. En revanche, en cas de cauchemar, ils doivent rassurer leur enfant, l'écouter, le réconforter.

- Autant les cauchemars sont le lot de tous les enfants, autant les terreurs nocturnes restent exceptionnelles.

Chapitre 6
Comment apprivoiser ses cauchemars?

« Dors bien, fais de beaux rêves ! » Muni de ce message fétiche, l'enfant s'envole au pays des merveilles, mais parfois aussi des figures maléfiques. Comment réagir quand il se réveille en pleine nuit, terrifié?

Il tremble, sanglote, son cœur bat très fort, il ânonne en hoquetant : « J'étais dans la forêt, je ne trouvais plus la maison et il y avait plein de serpents. » Le cauchemar l'a tiré de son sommeil au moment où l'effroi suscité par les images était le plus fort. Bien réveillé, il continue d'avoir peur, et ces images le poursuivent. Il ne peut se débarrasser seul de cette vision ni de l'angoisse qui l'accompagne. Pour reprendre ses esprits, il a d'abord besoin d'être rassuré.

Sur le moment, que faire?

Vos bras, vos câlins, vos paroles sont la meilleure façon de le replonger dans la réalité. Restez avec lui le temps qu'il faudra pour le consoler: «Oui, je sais, un cauchemar, c'est vraiment horrible mais je suis là, tout va bien, tu ne risques rien.» Attention, c'est de vous dont il a besoin à ce moment-là, pas du grand frère ou de la grande sœur. Manon, 5 ans, se faisait tellement rabrouer quand elle réveillait ses parents qu'elle a fini par faire appel à sa sœur aînée pour la consoler. Et les mauvais rêves restaient au rendez-vous presque toutes les nuits. Ils se sont arrêtés le jour où, après un entretien avec la psychologue, ses parents l'ont autorisée à les déranger la nuit et ont, de fait, repris leur rôle protecteur.

Raconter ou pas?

Proposez-lui de raconter son cauchemar s'il en a envie. Certains enfants sont tellement terrifiés qu'ils préfèrent ne pas raconter parce que «ça leur fait encore plus peur». Ils peuvent aussi vous dire qu'ils ne s'en souviennent pas. Pour d'autres, décrire ce dont ils ont rêvé ne remuera pas le couteau dans la plaie, bien au contraire:

en parler les soulage et les décharge du poids de l'angoisse. Inutile toutefois de vous éterniser sur le récit s'il est 3 heures du matin. Il sera toujours temps, le lendemain d'y revenir.

Il appréhende de se recoucher

Il s'est précipité dans votre chambre et il refuse d'aller se recoucher seul, de peur de retrouver le monstre ou la sorcière? Alors prenez encore un peu de temps avec lui jusqu'à ce qu'il se soit calmé. Et rappelez-lui que papa et maman sont à côté et veillent sur lui avant que chacun ne regagne son lit. Si vraiment il ne s'apaise pas, vous opterez peut-être pour la solution classique choisie par beaucoup de parents, le garder avec vous. Lové contre maman, la réassurance va plus vite et va de soi. Et cela permet à toute la famille de finir sa nuit. Mais attention, que cela reste exceptionnel! N'hésitez pas à le lui dire le lendemain: cela évitera l'engrenage de ce qu'on appelle aujourd'hui le «cododo» car le cauchemar peut très vite devenir un subterfuge, un faux prétexte pour avoir des câlins supplémentaires et débarquer dans votre chambre à n'importe quelle heure (voir chapitre 7).

Et le lendemain ?

Les impressions laissées par un mauvais rêve parasitent parfois la journée suivante. S'il vous en reparle, soyez attentif : « Ah oui, tu as eu peur cette nuit, tu as rêvé. Qu'est-ce qui se passait déjà ? » Sans vous lancer dans des explications théoriques sur les rêves qui ne lui apporteront rien, vous pouvez ajouter quelques mots sur la petite mécanique onirique. S'il a 4 ou 6 ans, expliquez-lui que quand on rêve, il ne se passe rien de grave en vrai, que cela n'existe pas réellement, que ce ne sont que des images, une aventure qui se déroule dans sa tête, comme un petit film qu'il a imaginé en dormant. Tout le monde fait des cauchemars, y compris les grands. S'il est plus âgé, on peut aussi lui dire : « Ton cerveau range dans ta mémoire les actions, les émotions et les inquiétudes de la journée ; et si cela fait trop d'angoisses, cela sort dans les cauchemars. Ce qui te gêne peut ainsi s'échapper de façon déguisée. Tu sais, cela fait du bien de rêver, même des mauvais rêves. C'est comme une soupape que l'on ouvre et qui laisse sortir ce qui nous dérange. »

Partager son cauchemar, oui, l'interpréter, non

Ce n'est pas important de savoir si la sorcière ressemblait à la maîtresse d'école! Et vous n'avez pas à jouer le rôle de thérapeute de votre enfant (voir chapitre 5). Si son rêve dissimule effectivement un souci dans sa vie, respectez-le sans l'obliger à le révéler, sans avoir envie de tout connaître de lui. Car si vous vous mettez à utiliser vos quelques connaissances sur le rêve pour tenter de décrypter son inconscient, vous lui donnez l'impression de lire dans ses pensées et de connaître son jardin secret. L'important pour lui est de se sentir aimé, bien qu'il ait essayé dans son cauchemar de se débarrasser de vous ou de son petit frère, grâce au dragon!

Le dessin peut faire du bien

S'il a envie de dessiner son cauchemar, pourquoi pas? À 3, 4 ou 5 ans, le dessin est le moyen d'expression et de «libération» privilégié des enfants, beaucoup plus que les mots. Ils y dévoilent en filigrane leurs émotions et leurs sentiments. Projeter le mauvais sorcier de la nuit sur le papier est une façon de représenter l'image terrifiante, de la mettre à distance en la symbolisant. Le monstre

avec ses yeux glauques, le loup-garou avec ses poils dressés, la marâtre, ses verrues et ses cheveux hirsutes lui en apparaîtront moins redoutables.
Chaque parent trouvera des moyens, plus ou moins efficaces, pour exorciser le cauchemar: enfermer le dessin dans un tiroir ou une boîte pour l'éloigner, ou lire une histoire campant un magique croqueur de cauchemars, ou encore un monstre prenant la poudre d'escampette.

Et les soirs suivants?

Il appréhende chaque soir de se coucher par peur des mauvais rêves? En grandissant, il parviendra de mieux en mieux à en assumer seul les images effrayantes, à prendre du recul, et il ne vous dérangera plus en pleine nuit. Ainsi Oscar qui, depuis qu'il a 8 ans, se rendort seul, en serrant sa petite chienne dans ses bras relate: «Elle mord les méchants et m'obéit.» Vous pouvez également essayer les trucs anticauchemars. Les parents de Mahaut lui ont offert une très jolie petite «boîte à soucis» qu'elle glisse sous son oreiller, un gri-gri venu du Guatemala. Mahaut y enferme le soir une des minuscules poupées, livrées avec le coffret à laquelle elle confie le souci du jour: elles ont le pouvoir d'attraper les inquiétudes de l'enfant pendant la nuit et de les éloigner. Parmi d'autres objets magiques d'Amérique du Sud, la maman d'Arthur a trouvé un «attrape-cauchemars», tout en couleurs et en plumes, qu'elle a suspendu dans sa chambre. Autant de façons pour ces parents de montrer qu'ils prennent au sérieux les nuits et les songes de leurs enfants. L'essentiel !

Pas de chasse aux cauchemars

Personne n'a encore inventé de recette pour «prévenir» les cauchemars, ils font partie de la vie et sont nécessaires pour évoluer et grandir. Toutefois, vous pouvez faire en sorte que votre enfant soit moins déstabilisé par eux. Et pour cela le sécuriser en partageant avec lui dans la journée de vrais moments d'échange où il se sentira écouté et aimé. C'est cette sécurité affective qui lui permettra, le soir venu, de mieux s'abandonner au sommeil. Nous l'avons vu au chapitre 3, la qualité des instants qui précèdent l'endormissement conditionne aussi un bon sommeil: un rituel du coucher attentif, la place faite, s'il est besoin, aux petites confidences, pour qu'il ait le temps de dire ce qui l'a inquiété dans la journée, ont leur importance.

Sachez encore que ce n'est pas parce que vous protégerez votre enfant de tout que vous l'élèverez au risque zéro, dans un environnement quotidien extrêmement douillet, sans aucun stress, que vous lui éviterez les cauchemars. Ni parce que vous lui suggérerez au moment du coucher de penser à de jolis rêves. Ce n'est pas lui qui décide. On ne maîtrise pas ses songes car nous n'avons aucun pouvoir sur notre inconscient. Heureusement d'ailleurs, ce qui nous échappe est la magie de la vie !

L'essentiel

- **Relativisez leurs cauchemars et n'oubliez pas qu'ils les racontent plus volontiers que leurs jolis rêves.**

- **Vous ne pourrez pas leur éviter d'en faire mais si vous y êtes attentif, si vous les accompagnez sur le moment et les laissez en reparler, ils les vivront sans trop de drame.**

- **Les écouter, ce n'est pas tenter de percer ce qui en est à l'origine. Laissez-leur leurs rêves, même les mauvais ont du bon.**

Chapitre 7

« Maman, j'ai peur ! J'peux venir dans ton lit ? »

Il a peur des ombres ou il a fait un cauchemar. Comment résister quand il déboule transi dans la chambre des parents pour se faire réconforter ? Une, deux, trois fois. Le réflexe est vite pris. Une solution de facilité qui n'est pas sans conséquences pour lui, ni pour ses parents.

Souvent, la première expédition se déroule ainsi : il a fait un cauchemar si terrifiant qu'il est incapable de se rendormir tout seul. Il vous réclame. Ses yeux embués et son regard enamouré vous fendent le cœur. Mais vous résistez. Quelques minutes. Un peu plus tard, son ours dans les bras, il pointe en pleurant le bout de son nez et glisse ses petits pieds sous votre couette. Dans votre légitime désir de le réconforter, vous cédez. Le papa râle un peu. Vous vous poussez en soupirant pour lui faire une petite place et vous l'enlacez. Faire lit commun avec son enfant dans ces moments-là est commode et agréable. La méthode d'apaisement est rapide, pratique et efficace, les pleurs se calment, la réassurance va de soi, sans qu'il y ait besoin de mots. Mais parfois, mine de rien, de jour en jour, de semaine en semaine, le bambin transforme l'essai en habitude et, régulièrement, vous vous mettez au lit à deux, et vous vous retrouvez à trois au petit matin, sans y avoir vraiment réfléchi.

Une foule de bonnes raisons

Il a pu encore prendre le pli dans une période où il était malade, fiévreux. C'est aux yeux des parents presque évident de veiller ainsi sur lui pour deux ou trois nuits. Mais une fois guéri, au bout de quelques jours, personne ne sait, ou ne veut, mettre fin à la situation. J'y suis, j'y reste ! Autre cas de figure : il vient le soir faire un petit câlin dans le grand lit en regardant la télé avec papa et maman. Et la perspective de se retrouver ensuite seul dans sa chambre ne le tente guère. D'autant plus qu'il y a les monstres. Voilà bien une autre raison de craquer, plutôt que de se bagarrer autour du sommeil. Aucun des deux n'a envie de se lever ou de se relever pour aller le coucher, ni de lui chanter une berceuse à cette heure indue. Pas le courage. On travaille le lendemain et le sommeil est précieux. Bien souvent, le père et la mère ne souhaitent pas cette situation, mais par lassitude, en désespoir de cause, parce qu'ils ne trouvent pas d'autre solution, ils s'en accommodent un temps, en espérant que ça passera tout seul. Seulement voilà, une fois la pratique est installée, il devient difficile de savoir s'il s'agit d'une vraie peur ou d'un caprice. Compliqué de revenir en arrière.

Et alors? Pourquoi pas?

Il n'y a rien de plus charnel ni de plus intense, rien de plus voluptueux que ce corps à corps avec un petit enfant de 2, 3, 4 ans. La maman a alors l'impression de fusionner avec lui comme lorsqu'elle le portait. Et pour lui, comme pour tous les petits mammifères du monde, rien n'est plus rassurant que d'être tout contre elle. Beaucoup de mères se sont habituées à dormir avec leur petit lors de la période d'allaitement. C'est plus confortable, elles n'ont pas d'effort à faire pour aller chercher leur nouveau-né qui a le sein à sa disposition. Quand les tétées sont rap-

prochées, elles ne se réveillent pas tout à fait, somnolent. De la fatigue en moins, et des avantages certains.
Et puis le «co-sleeping» est une pratique courante ailleurs. Dans beaucoup de cultures traditionnelles et même dans les sociétés asiatiques industrialisées, le jeune enfant partage le lit parental. En Chine, c'est le cas de 90 % des nourrissons, au Japon, de plus de 65 %. Dans les pays d'Europe du Nord, où la grande majorité des femmes allaite, plus de la moitié des bébés ne quittent pas leur mère pendant la nuit. De même, en Inde, en Afrique et en Nouvelle-Calédonie, les familles vivent selon cette tradition avec des nourrissons, et même des enfants de 1, 2 ou 3 ans.

L'engrenage

En France, le phénomène n'est pas aussi marginal qu'on le croit, il est seulement plus caché. On hésite à l'avouer. Bien des parents répètent naturellement le scénario toutes les nuits avec leur(s) enfant(s), jusqu'à un âge avancé parfois, dans le secret familial, gênés de le dire à l'entourage. Surtout lorsqu'ils en arrivent à des situations quotidiennes délirantes, comme Valérie et Philippe : depuis l'âge de 2 ans, leur Valentine, 5 ans, dort avec eux. Mais à présent, elle remue trop, se met en travers du lit et les empêche de dormir; alors Philippe a élu domicile dans la chambre rose de sa fille. Stéphane et Marie, eux, ont dormi avec Arthur pendant ses deux premières années, jusqu'à l'arrivée du deuxième bébé. Et dès que le cadet, petit malin, a su escalader son lit, il ne s'est pas privé de prendre la tangente la nuit, direction la grande chambre, jaloux des privilèges de l'aîné. Résultat des courses: la mère dort avec les deux enfants et le père, faute de place, sur le canapé. Le lit conjugal est devenu celui des enfants.

Des motivations secrètes

Ce désir de l'enfant de gagner du terrain a des raisons tout à fait légitimes, autres que la peur. Ainsi, l'angoisse de séparation en fin de première année, ou encore l'envie de profiter un peu plus de maman et papa après la longue séparation de la journée passée à la crèche ou à la maternelle. Pour le tout-petit gardé à l'extérieur, le temps vécu avec ses parents est bien trop court, et la tentation est grande de se rappeler à leur bon souvenir la nuit et de grappiller quelques heures de bonheur supplémentaires. Mais d'autres envies, plus obscures existent. La curiosité d'abord. Telle cette petite futée qui a 3 ans et demi. Elle est en plein complexe d'Œdipe et son intuition lui dit qu'il se passe des choses dans le lit de ses parents. La meilleure façon de savoir quoi n'est-il pas d'aller vérifier? Et puis les pulsions sont à l'œuvre. La fillette est attirée par son papa, elle perçoit sa maman comme une rivale et jalouse sa place. De là à l'usurper dans le lit parental, il n'y a qu'un pas. Se glisser entre ses parents lui permet d'évincer sa mère, et c'est le meilleur moyen de les empêcher de lui faire un petit frère dans le dos. Tout cela, bien sûr, est inconscient, mais les faits sont là: elle s'est immiscée dans le couple.

Autres motifs inavouables

Ces petits accommodements arrangent aussi parfois les parents et leurs ambiguïtés. «Il ne peut s'endormir que dans ma chambre», confie Ariane, en parlant de son petit Adrien. «Il ne peut pas se séparer de moi.» Et si elle inversait la proposition et reconnaissait son ambivalence: est-ce vraiment lui qui ne peut se passer d'elle? Ou elle qui ne peut se passer de lui? (voir chapitre 4). De même Isabelle, qui accueille la nuit, sans penser à mal, sa petite Océane de 6 ans depuis son divorce. Selon elle, cela s'est

fait naturellement. La petite était trop anxieuse depuis que son papa avait quitté la maison : « On dort bien toutes les deux. Au moins elle m'aime, elle, et me comprend. » Le vide n'attendait qu'Océane. Plus encore que l'enfant lui-même, c'est le parent solo qui trouve au « co-sleeping » plaisir et satisfaction. Une situation qui n'est pas rare aujourd'hui. L'enfant remplace l'absent et joue le rôle de soutien affectif et de consolateur du parent.
Alors, si depuis un certain temps vous dormez avec votre enfant, c'est peut-être l'occasion de vous interroger, que vous soyez seule ou en couple. Tout va-t-il si bien entre vous sur le plan affectif et sexuel ? Votre visiteur du soir ne vous sert-il pas d'alibi pour échapper au tête-à-tête conjugal ?

Petites répercussions à prévoir

Le lit en commun n'est sans doute pas la meilleure réponse à apporter aux problèmes de sommeil ou de cauchemars car il retarde l'autonomie de nuit. Encore une fois, un enfant a besoin de s'approprier son sommeil, et cela ne peut pas se faire quand il est dans cette proximité totale avec sa mère. Impossible alors pour lui d'acquérir, pour la vie, la capacité à dormir seul et de résoudre ses angoisses de séparation. Même si, au début, c'est toute une aventure à gérer, il a besoin de sa petite poche de solitude le soir. Le sommeil partagé à trois entretient également plus ou moins la dépendance de l'enfant par rapport à ses parents. Dormir seul joue un rôle important dans ces années où il s'agit de se décoller peu à peu de papa et maman et de se percevoir comme une personnalité en soi. D'ailleurs, dans les quelques familles monoparentales où, à 7 ans, un enfant ne dort toujours pas dans sa chambre, c'est à son initiative généralement que le «cododo» prend fin. C'est lui qui finit par déserter le lit parental, car c'est l'âge où il a envie d'avoir sa chambre et de revendiquer un espace privé. Chacun son lit, dit le proverbe, et la maison sera bien gardée.

Laisser son enfant envahir son espace n'est pas sans inconvénients secondaires. Est-ce lui rendre service que de se mettre à son entière disposition, même la nuit? De se plier à ses ultimes exigences? Est-ce bon pour ses parents qu'il ait accès à eux 24 heures sur 24, selon son bon vouloir? Car c'est bel et bien lui qui gagne et qui jubile, en quelque sorte, quand l'un des deux adultes, excédé ou exténué, va finir ses nuits sur le canapé. Or les deux, trois, quatre premières années de la vie sont précisément l'âge où l'éducation doit apprendre au tout-petit à sortir de son sentiment de toute-puissance.

Et l'œdipe dans tout ça ?

Ne pas résister à la demande de l'enfant de s'incruster dans le lit conjugal, c'est oublier qu'il a, lui aussi, des pulsions, une sexualité ! À 3, 4 ans, comme on l'a vu, un désir inconscient le tenaille : être le partenaire du parent du sexe opposé. Au père et à la mère alors, revient le rôle de couper la route au fantasme, de protéger l'enfant de ce désir naturel, mais incestueux. Or dans cette proximité sensuelle inadéquate, papa et maman ne font qu'entretenir le fantasme, plutôt que d'amener leur petit à le dépasser. Être tout contre eux suscite chez lui forcément des émois ! C'est comme s'ils donnaient au fils l'illusion qu'il peut posséder sa mère et à la fille l'illusion que son père peut être son partenaire. On le répète haut et fort, sa place n'est pas là. On n'ira pas jusqu'à dire qu'il s'agit d'un abus sexuel, quand même pas, mais, même sans passage à l'acte, les parents lui attribuent symboliquement, à leur insu, une place de partenaire sexuel. Moins anodin qu'on ne le croit. Car en couchant avec son père et sa mère, votre enfant sent, de façon subliminale, que ces confuses sensations de plaisir, ce n'est pas avec eux qu'il devrait les éprouver. Et se mêle alors en lui un étrange sentiment d'angoisse et de culpabilité.

Un interdit capital pour son avenir

S'il est ainsi pris en sandwich entre ses deux parents, alors qu'il n'est plus un nourrisson, l'enfant aura donc moins de chances, vers la cinquième année, de sortir de la période œdipienne en se tournant vers d'autres «objets d'amour», comme disent les psys: des petits amoureux ou amoureuses à la maternelle, ou sa gentille maîtresse d'école par exemple! Et puis, dans le lit des parents, il est au même niveau qu'eux, sans la distance nécessaire entre les générations. L'interdit de l'inceste, on le sait, structure la personnalité de l'individu. Et faute de l'avoir clairement intégré dans sa tête petit, il risque de développer plus tard des problèmes de dépendance, d'inhibition relationnelle et même, dans certains cas, des troubles sexuels. Et qui sait, d'être tenté de transgresser d'autres interdits, ayant déjà presque franchi le tabou suprême. Conclusion: dormir tranquille dans son dodo à soi, c'est le plus sûr chemin pour son équilibre futur!

Adieu l'intimité?

Le lit parental est un jardin secret. Et quand l'enfant le partage avec ses parents, l'image de leur couple en ressort forcément fragilisée à ses yeux. Et souvent, en effet, le couple est, peu ou prou, mis à mal. Faire lit commun avec son enfant complique quand même singulièrement les ébats amoureux ! Les psys qui entrent dans l'intimité des familles le constatent : beaucoup de couples fonctionnant ainsi espacent leurs relations sexuelles. Leur chambre n'étant plus leur lieu de liberté, ils sont tenus d'en chercher un autre, de trouver le temps de faire des siestes coquines, ou de se rattraper quand l'enfant n'est pas là pendant les vacances ! Faire chambre à trois met ainsi insidieusement en péril l'équilibre affectif du couple et la relation amoureuse. En quelque sorte, et même si ce n'est pas clairement voulu, les parents «se servent» de la naissance de cet enfant pour renoncer partiellement à la sexualité. Chacun prend avec le bambin sa dose de tendresse. Et, pour peu qu'il y ait déjà un petit froid entre eux, cela devient vite un état de fait. L'investissement maternel se fait aux dépens de la vie de femme, l'investissement paternel a lieu au prix de la virilité. Dommageable à long terme. Car l'enfant risque un jour ou l'autre de souffrir d'être l'objet exclusif des élans affectifs de papa et maman. Un couple parental solide et amoureux est une chance pour lui. Et un gage de sa bonne santé psychologique !

La couche partagée est encore plus risquée quand elle arrange particulièrement l'un des deux partenaires dont la libido est en berne, ou qui ne désire plus l'autre. Quant aux familles monoparentales, si le petit dernier sert de bouillotte, d'oreiller ou de substitut amoureux au parent solo pendant des mois, voire des années, les dégâts seront encore plus importants. D'accord, c'est l'enfant qui en fait la demande mais, osons le dire, il répond d'avantage au besoin et au plaisir de l'adulte esseulé qu'au sien. Comment va réagir ce petit passager clandestin et quelle vie va-t-il mener à sa mère lorsqu'il sera éjecté du lit le jour où elle aura retrouvé un partenaire réel ? Il faut que le lit parental soit un domaine réservé, un lieu privé, presque sacré.

Comment sortir de la situation ?

L'idéal, d'abord, est la souplesse. Il peut y avoir de temps en temps exception à la règle pour cause de gros chagrin familial, de cauchemar, ou d'orage terrible, du moment qu'on ne prend pas pour un acquis définitif ce qui s'est passé deux ou trois fois. Précisez donc au petit veinard, chaque fois que cela arrive, que c'est exceptionnel.

Même si depuis des semaines, des mois, ou même plus, vous vivez ainsi, il est toujours temps de revenir en arrière et de remettre les pendules à l'heure. Avec douceur et fermeté. Vous y arriverez, mais cela prendra plus ou moins de temps suivant les cas. Tout dépend de l'âge de l'enfant, si cette petite tradition est installée depuis longtemps ou pas, si vous êtes en solo ou en couple. Ce sera aussi plus ou moins simple à résoudre selon le degré de gêne ou de plaisir que vous, les parents, y trouvez ! Enfin, la solution peut aussi être fonction du retentissement qu'a cette tendre pratique sur l'ensemble de la vie familiale. Papa et maman sont-ils d'accord ? Ou bien est-ce déjà la zizanie parce qu'ils se renvoient mutuellement la responsabilité d'une affaire qui a assez duré ?

Le rôle du père

Faites intervenir le papa. C'est une question d'autorité qui relève de lui. Son rôle consiste à jouer le tiers séparateur dans la fusion mère-enfant. À lui de faire comprendre à son fils ou à sa fille que les chambres d'adultes ne servent pas qu'à dormir, et que pour cette raison celle de papa et maman leur est interdite. Arthur ou Chloé eux aussi auront un jour un(e) fiancé(e) avec qui partager leur chambre. Au père encore de dire « Maintenant tu vas dans ton lit, ta maman et moi avons besoin d'être tranquilles (ils comprennent très bien le mot !), nous ne voulons pas être dérangés. On s'aime et on a envie de dormir seuls. » En interdisant ainsi cette promiscuité, le père prend sa place d'amant et ouvre l'enfant au monde extérieur.

Une main de fer dans un gant de velours

Très concrètement, vous n'avez qu'une solution quand il débarque en pleine nuit : le raccompagner au lit. Tout de suite, sans discussion en répétant la règle. Vous pouvez vous relayer, votre compagnon et vous. Une fois, c'est l'un qui ramène le petit intrus dans sa chambre, la fois d'après, c'est l'autre. Partagez-vous la tâche. L'enfant doit savoir que ses parents sont d'accord et cohérents, et recommencez sans relâche, une fois, deux fois, trois fois, autant qu'il le faut. Chaque fois, n'oubliez pas le gentil « Bonne nuit, à demain ». Tout en tenant bon. La clé de la réussite est votre détermination. Sans exception. Si vous tolérez l'envahisseur le samedi soir parce que c'est le week-end et le refusez le lundi, si vous l'acceptez à 5 heures du matin, parce qu'il est bientôt l'heure de se lever, et le repoussez à minuit, il aura vite fait de s'emparer de vos contradictions. Et vos hésitations lui montreront que cela vaut la peine de réessayer.

Grâce à cette tactique, en quelques jours les choses devraient être rentrées dans l'ordre.
Pourquoi ne pas profiter d'un changement de mode de vie pour casser l'habitude, un déménagement, un départ en vacances et lui expliquer qu'il est assez grand maintenant pour dormir tout seul ? Enfin, ultime recours avec un petit, si vous êtes à bout d'arguments : en faire un jeu avec lui. Couchez ensemble deux de ses peluches qui endossent le rôle du papa et de la maman et mettez à part une petite peluche. Levez la « peluche bébé », faites-la trottiner jusqu'à l'espace des parents et demandez à votre enfant d'aller la recoucher dans son lit ! Et bien sûr, vous ne serez pas économes de commentaires sur « Pourquoi Petit Ours ne peut pas dormir dans le lit de ses parents ? ». Enfin, si malgré tout la situation perdure, n'hésitez pas à consulter pour vous faire aider.

Vive la grasse mat'en commun

Vous avez eu le courage de résister aux supplications de votre enfant et l'avez consciencieusement raccompagné au lit à chaque fois qu'il le fallait ? Avoir accès à votre chambre va lui apparaître désormais comme un privilège. Le petit déjeuner en commun – tous en pyjama, par pudeur –, le petit roupillon ou le câlin du dimanche matin dans le grand lit n'en seront que plus magiques et resteront vraiment un moment à part, donc précieux.

L'essentiel

- C'est tentant pour l'enfant de surseoir le plus longtemps possible à la solitude du soir. Et pratique pour les parents : question de confort, de repos, de tranquillité, de plaisir ou de carences affectives à combler !

- Mais le « co-sleeping » n'est pas la meilleure solution aux inquiétudes enfantines. Même si ce plaisir est partagé par les trois protagonistes, il n'est pas pour autant bon pour eux, ni sur un plan personnel ni éducatif.

- Dormir avec ses parents n'est pas sans effet psychologique et affectif sur l'enfant, à plus ou moins long terme, même s'il est petit.

- Pour l'équilibre du couple, beaucoup d'éléments affectifs et sexuels sont en jeu qui le mettent en danger, si cette pratique persiste et dure.

Chapitre 8
Les nouveaux monstres d'aujourd'hui

Sans diaboliser les médias, on peut dire que l'omniprésence d'images non triées développe aujourd'hui chez nos enfants des sentiments de stress et d'anxiété supplémentaires. Ils sont plus exposés qu'autrefois à des scènes dures qui font irruption dans la maison, à travers les écrans, et souvent en fin de journée.

On accompagne leur peur des monstres, on les console quand ils font un cauchemar, on peaufine le rituel du coucher, mais on les laisse s'exciter sur leurs écrans devant des jeux de massacre. Et on assiste, en famille, à la grand-messe du 20 heures et son déferlement d'images violentes ou terribles.

Le monde très noir du journal télévisé

Beaucoup d'enfants se retrouvent en fin de journée devant des émissions qui ne leur sont pas destinées, en particulier le JT, devenu une institution. Un foyer sur deux dîne devant le journal. Au 20 heures, un lundi d'août 2008, par ordre d'apparition à l'écran, on pouvait voir : l'assassinat en France du petit Valentin, 11 ans, tué de quarante et un coups de couteau et l'arrestation des meurtriers présumés ; trois morts dans une tornade, dans le Nord de la France, et aussi dix-huit blessés dont quatre graves ; le sida progresse encore en Afrique – avec reportage et image d'un adolescent moribond –, un petit garçon tué accidentellement en Indre-et-Loire d'un coup de fusil par son copain, alors qu'il était chez sa grand-mère en vacances ; la mort de l'écrivain Soljenitsyne. Comment Solenn, Thomas ou Arthur, qui étaient devant la télé avec leurs parents peuvent-ils s'endormir sereinement après un tel déferlement ?

Accidents, guerres, rapts et meurtres d'enfants, attentats, cataclysmes naturels, actes terroristes, fusillades en direct, décapitations d'otages. La télé le sait, les émotions et sensations fortes, la peur, la mort en face, sont de bons moyens de faire de l'audience. Le JT privilégie, en début d'émission, les faits les plus tragiques et les plus morbides pour capter le public et gagner la course à l'Audimat par rapport aux chaînes concurrentes. D'où le choc des images, la dramatisation des accroches et du ton, le passage en boucle des « détails qui tuent » !

Le syndrome du grand méchant monde

Sida, drogue, tabac, nucléaire, racket, OGM, pollution de la planète, cancer. Toutes ces nouvelles peurs sociales hantent aussi les enfants d'aujourd'hui. Certes, ces données existent bel et bien et ils n'ont pas besoin de la télé pour en entendre parler. Les « unes » des journaux dans les kiosques, l'école, la rue, les rumeurs, les discussions en famille font qu'ils baignent quotidiennement dans cette actualité. Mais la surmédiatisation de ces problèmes, la mondialisation des images, les nouvelles en temps réel, si elles sont nécessaires parce que c'est de l'information, génèrent aussi un climat d'insécurité et d'angoisse qui enveloppe les enfants. Ainsi Sarah, 9 ans, qui demande un soir à sa maman : « Si un copain me propose des bonbons, comment je peux savoir si c'est pas de la drogue ? »

Le journal ne se regarde pas de la même façon dans toutes les familles

Il est des familles où l'on dîne religieusement devant le journal sans parler. Lorsque le silence est de rigueur – «Chut ! Papa écoute ! » –, les enfants ne peuvent pas poser de questions, ni dire leur ressenti face à une nouvelle, ni commenter, ni tout simplement parler d'autre chose. Or si l'enfant est seul avec ses émotions et ses peurs, sans les partager avec ses parents, la vague d'images violentes et de mauvaises nouvelles l'atteint de plein fouet. Continuer à manger tout en ingérant ces morts, c'est peut-être lui transmettre à notre insu une sorte d'insensibilité au malheur. En tout cas, ce qui est certain, c'est que toutes ces agressions à la fois ne contribuent pas à lui tisser un cocon paisible lors des retrouvailles de fin de journée !

En revanche, dans d'autres familles, les enfants peuvent en parler, questionner, échanger, dire leurs étonnements et leurs émotions à leurs parents et être entendus. Si un petit bonhomme de 7 ans a la possibilité d'échapper à ces images en parlant d'autre chose, du nouveau copain qu'il vient de se faire, de la sortie programmée de la classe, s'il sent une oreille attentive à ce qu'il est lui, malgré ces drames en toile de fond, l'impact des infos ne sera pas du tout le même.

Devant la télé, les enfants souffrent

Le JT n'est pas, comme on le pense parfois, une fenêtre ouverte sur le monde, ni une façon d'aguerrir les enfants aux vérités de la vie d'adulte. Car ce n'est pas la réalité du monde qui leur est montrée, mais un miroir déformant de celle-ci, une sélection, une interprétation. Le journal donne plutôt à voir un monde en miettes qui semble vraiment dangereux. Nos informateurs savent bien jouer sur la sensiblerie du public en focalisant sur les enfants victimes – meurtres, accidents, maltraitances, agressions. Ces nouvelles font mouche, surtout sur les jeunes téléspectateurs qui s'identifient facilement. Un catastrophisme qui a de quoi orienter la vision du monde des plus sensibles et des plus fragiles. Les institutrices le constatent, l'info tous azimuts en fait des petits inquiets, qui ont peur que des avions ne viennent frapper leur maison, peur que des tueurs et voleurs d'enfants ne se cachent sous leur lit. Et cette angoisse latente les envahit en particulier dans leur solitude du soir, lorsqu'ils ne se sentent plus protégés par le jour et par leurs proches.

On n'enterre pas aussi facilement les morts du JT

Face à la dureté des scènes de l'écran, sur le moment les enfants bien souvent ne manifestent rien. Ils sont plutôt sidérés et le choc ressurgit quand les souvenirs remontent, une fois la lumière éteinte ou encore dans leurs cauchemars. D'où parfois, du fond du lit, des questions qui jaillissent, déroutantes pour les parents : «Maman, celui qui avait tué la petite fille de 3 ans, l'autre jour, ils l'ont attrapé ?» «Et le nounours plein de boue qu'on a vu au Journal, dans les ruines, tu crois que le petit enfant, il va le retrouver ?» ou : «Comment ils ont pu la tuer la maman qui faisait son jogging ? Moi je veux plus que t'en fasses !»
Ces scènes vues réactivent leurs angoisses primitives d'abandon, de perte, de séparation, de disparition des parents et les ramènent brutalement à l'idée de la mort. Ainsi, Lisa, 8 ans, qui a rêvé plusieurs fois d'un feu qui entrait dans sa chambre, à la suite de cette info passée en boucle un week-end : «Trois enfants brûlés vifs dans l'incendie d'un hôtel.» Depuis que sa famille a décidé de dîner sans la télé, elle ne fait plus de cauchemars.

Jeux vidéo : pas n'importe lesquels

Quelques bribes de conversation saisies dans une cour de récré, entre élèves de CM2, évoquant les jeux de leurs frères aînés : « Quand tu tires sur un personnage, c'est génial, il y a du sang qui gicle de sa tête. » « Si tu dégommes un vieillard ou une femme enceinte, tu gagnes plus de points. » « On conduit une très grosse voiture où le jeu, c'est d'écraser des piétons. » « C'est un jeu fantastique, je te le passerai, il y a un suspense trop fort, avec des zombies, des cannibales et des morts-vivants. » Scènes « gore », sordides, combats barbares et apocalyptiques, têtes coupées, mutilations... Attention, dans ces exemples, il s'agit du pire, ou presque, de jeux qui ont pour point commun une violence gratuite, enfreignant les règles morales élémentaires. Pas d'amalgame ! Les jeux qui transportent cette violence ne sont pas destinés aux moins de 10 ans, mais explicitement destinés aux plus de 16 ans, voire aux adultes à partir de 18 ans. Sur chaque boîtier de jeu figure une signalétique claire de l'éditeur, la norme PEGI (*Pan European Game Information*). Elle comporte deux indications : l'âge minimal conseillé (3+, 7+, 12+ ou autrement dit, jeux autorisés à partir de 3, 7, 12 ans) et un pictogramme indiquant la présence ou non de scènes problématiques : un poing fermé indique des scènes de violence, une araignée, des scènes de frayeur. Fiez-vous à cette signalétique, plutôt juste, quand vous achetez un jeu à votre enfant.

Quel impact sur les enfants ?

À la différence du journal télévisé, les jeux vidéo violents sont de la fiction, et l'enfant est censé pouvoir se protéger de la violence qu'on y décrit en se disant que « c'est pour de faux ». Par ailleurs, il est prévenu qu'il va voir des images dures, qui font peur et il s'y prépare. Le risque de traumatisme est donc sans doute moins grand que la violence réelle des actualités qui lui tombe dessus comme un coup de poing, alors qu'il ne s'y attend pas. Les spécialistes pointent néanmoins un risque, chez les enfants qui assisteraient à des spectacles violents de façon répétitive, en passant par exemple plusieurs heures par jour devant ce type de jeux. Le problème peut être dans une désensibilisation à la violence qui devient banale aux yeux du joueur. Dans le pire des cas, il pourra agir cette violence et devenir agresseur ou, à l'inverse, se percevoir comme victime, avec le risque de voir de la violence partout, de devenir stressé, sans plus oser sortir ni rester seul. C'est surtout le cas des plus jeunes et des plus fragiles que ces images frappent, rendent tendus, peureux. Les grands virtuoses du virtuel ne sont pas toujours les plus téméraires dans la vie. «Mon grand frère qui a 13 ans, dit Violette, 10 ans, préfère dormir dans ma chambre sur un matelas le soir, après avoir joué à certains jeux, sinon il a trop peur!»

Informez-vous!

Il est impensable de tenir les enfants à l'écart des jeux vidéo, ce serait les priver d'un outil d'éveil et risquer de les désocialiser. Ils ne parlent à la récré que de leurs performances sur le dernier à la mode. Alors, choisissez-les bien. Il y a plein de jeux d'aventures, de simulation ou autres, pour leur âge, qui sont beaux graphiquement, captivants, voire porteurs de messages initiatiques! Soyez attentif au contenu, allez sur les sites Internet pour vous informer et n'abandonnez pas votre enfant seul devant l'écran. Impliquez-vous, jouez de temps en temps avec lui, contrôlez ce qu'il se fait acheter ou prêter. Des jeux qui ne sont pas faits pour lui peuvent tomber entre ses mains par des aînés ou des copains plus âgés. Il arrive que l'ado de la famille autorise son petit frère à regarder l'écran par-dessus son épaule ou à jouer avec lui. Enfin, limiter le temps d'usage en fin de journée, expliquer pourquoi tel jeu n'est pas de leur âge pour éviter que les scènes impressionnantes restées dans la mémoire ne fassent résurgence, au point d'empêcher ou de perturber son sommeil. Encore une fois, les problèmes de la nuit se traitent principalement le jour!

Internet ou la pornographie au bout du clic

Autre source d'images-choc: celles sur lesquelles les enfants tombent le plus souvent sans le vouloir, en surfant seuls sur le Web, pour chercher un poème, les paroles d'une chanson, des infos pour un exposé. En tapant innocemment un mot clé banal comme «gland du chêne», «homme préhistorique», «abricot» ou «gothique», ils sont parfois un peu surpris de tomber sur des images violentes, sadiques ou érotiques qui apparaissent à l'écran! Ou encore, en saisissant le nom de leur idole «Lorie» ou «Britney», les voilà piégés par des sites pornographiques avec scènes de zoophilie ou portrait de «dame qui mange le zizi d'un monsieur». De quoi choquer la petite Lola, 8 ans, amenée chez la psychologue pour ses difficultés à s'endormir: «C'est

dégoûtant, j'arrive pas à les oublier, j'ose pas en parler. »
Laisser les enfants sans contrôle et sans repères sur Internet, c'est comme les lâcher d'un coup dehors, face à tous les périls, comme si le monde réservé aux adultes faisait, avant l'heure, effraction en eux. Les peurs et les cauchemars se nourrissent également, aujourd'hui, de toutes ces réalités-là.

Ce que vous pouvez faire, côté télé

Dispensez vos petits des programmes télé qui ne leur sont pas destinés et ne regardez pas le Journal avec eux ! Il est déconseillé aux moins de 10 ans, comme n'hésite pas à le dire l'une de nos présentatrices d'un JT du soir, elle-même maman de jeunes enfants. Leur expliquer ou commenter cette actualité au fur et à mesure pour atténuer le traumatisme ? Généralement, c'est mission impossible, vu l'enchaînement rapide des nouvelles et des images et la complexité des faits. Quelques paroles ne suffiront pas toujours à atténuer le choc émotionnel.
Expliquez-leur aussi que c'est vrai, il existe des voleurs et des voleurs d'enfants, des pédophiles, des gens qui pourraient leur faire du mal, mais que c'est le rôle d'un

papa et d'une maman de veiller sur leur sécurité. Et puis le monde n'est pas que cela ! Qu'ils le sachent : vous ne voulez pas d'un tel monde. Il existe aussi des gens qui font avancer la paix, reculer l'injustice. Enfin, ne craignez pas de montrer votre inquiétude ou vos émotions devant certains faits, cette attitude leur permet de confier les leurs. Et puis, faites contre-poids : le meilleur antidote à la cruauté du monde montrée à la télé est une vie familiale agréable et chaleureuse.

Les accompagner de temps en temps

Il faut protéger les enfants de certaines réalités de l'écran, comme vous les protégez des dangers de l'extérieur et des agressions. Concernant le surf sur Internet ou les jeux sur consoles ou ordinateurs, installez la machine dans une pièce commune où tout le monde peut voir ce qui s'y affiche. Intéressez-vous à ce que votre enfant fait sur le Net. Demandez-lui de vous montrer ce qu'il cherche et comment, ce qu'il sait et que vous ne savez pas, et parlez-en avec lui, comme vous parlez de la journée d'école ou de ses copains. Quels sont ses sites préférés ? Explorez-les de temps en temps avec lui. Sans oublier d'installer un logiciel de contrôle parental.

L'essentiel

Attention à la maltraitance invisible de certaines images vues à la télé. Elles sont pourvoyeuses de cauchemars et, selon les psys, les cauchemars s'arrêtent chez certains enfants quand ils cessent de regarder le 20 heures.

Les écrans maintiennent une confusion chez les plus jeunes entre la réalité et la fiction. Avant 6 ans, un enfant ne fait pas bien la différence. Aidez-le à différencier les monstres réels des monstres fictifs.

Si vous ne pouvez rien faire contre les peurs qui émanent de leur monde intérieur, vous pouvez, en trouvant les mots, les protéger de celles qui proviennent de l'environnement extérieur et des médias.

Conclusion

Vaincre sa peur du noir, vivre avec ses mauvais rêves, c'est une sacrée épreuve d'apprentissage, comme on en traverse d'autres dans son enfance. Peur de la pénombre, des ombres, des monstres ou du loup. Ces images, dans le sommeil comme dans la veille, cristallisent, ainsi qu'on l'a vu dans ce livre, les grandes angoisses enfantines universelles. Elles transportent ce qu'un enfant craint, ceux qui lui paraissent méchants, ainsi que les menaces de ce monde bien vaste, dont, petit, il ne connaît encore que la maison et l'école. Ces monstres, on le sait, font aussi écho aux élans de violence intérieure qu'il porte en lui. Un passage incontournable à 4 ou à 8 ans que les parents ne peuvent éviter. Tout juste peuvent-ils aider leur couvée à le traverser!

Mais si ces épreuves de la nuit se préparaient aussi pendant le jour? Peut-être notre éducation est-elle parfois, à notre insu, pleine de contradictions. Nous nous démenons le soir pour aménager la séparation de la nuit, alors que, dans la journée, nous passons notre temps à la nier. On ne sait plus se séparer de ses enfants aujourd'hui!

Nous sommes reliés à eux en permanence par le fil de la tétine, du doudou ou du téléphone portable.
Autre paradoxe de notre société : nos enfants sont des héros qui combattent des armées dans leurs jeux vidéo, mais qui, par ailleurs, cessent de jouer avec des jouets de plus en plus tôt, n'expérimentent plus rien de tactile avec leur corps, ne vont plus à l'école à pied et passent de moins en moins de temps dehors. Ils sont donc de moins en moins confiants. Et tellement «cocoonés» qu'ils en deviennent phobiques et poltrons dans la vie. Au point, par exemple, à 7 ou 8 ans, de ne pas oser monter tout seuls à l'étage de la maison. Il y a ainsi une sorte de paradoxe à vouloir leur faire surmonter seul leurs peurs du soir tandis que nous les surprotégeons continuellement, tout au long du jour.
Pourtant, les peurs se combattent aussi avec ce qu'on réussit pendant qu'on est actif. Laissez vos enfants se «renforcer» et prendre confiance dans la journée, ils auront moins peur le soir !
Apprendre à traverser la nuit en toute quiétude, sans l'aide de ses parents, s'endormir paisiblement, c'est devenir grand et fier de l'être. Et cela prend quelques années. Mûrir, ce sera aussi accepter d'affronter le noir comme la part obscure et inconnue qui est en nous. La nuit a beaucoup à apprendre aux petits et aux

grands sur eux-mêmes, bien qu'elle soit un peu étrange et inquiétante.

Quand ils deviennent adolescents, les enfants commencent à s'intéresser de plus près à leurs rêves nocturnes, rêveries et cauchemars, car ceux-ci leur donnent des nouvelles d'eux-mêmes et de cette sexualité qui les taraude. Ils peuvent les aider à se découvrir et à mieux se comprendre. À 15-16 ans, ils l'ont implicitement saisi, les fantasmes qui surgissent dans le noir tout droit de l'inconscient ont cela de bon qu'ils font partie de la construction psychique de l'adulte qu'ils deviendront plus tard. Alors patience. Laissons du temps au temps. Plus les années vont passer, plus la lutte avec les monstres sera remplacée, le soir, par l'abandon aux rêveries qui aideront le grand enfant à entrer avec sérénité dans le sommeil. Réhabilitons le monde de la nuit et ses mystères et n'oublions pas que les nuits de notre enfance conditionnent nos nuits d'adulte.

Bibliographie

Pour les parents

DR STÉPHANE CLERGET, *Enfants accros de la télé. Ils n'ont d'yeux que pour elle*, Marabout, 2003.

LYLIANE NEMET-PIER, *Moi, la nuit, je fais jamais dodo*, Fleurus, 2000.

JEAN-PIERRE QUIGNAUX, *Internet, nos enfants et nous !*, Bayard Jeunesse, 2007.

DR MARIE THIRION ET DR MARIE-JOSÈPHE CHALLAMEL, *Le Sommeil, le Rêve et l'Enfant, De la naissance à l'adolescence*, Albin Michel, 2002.

SERGE TISSERON, *Qui a peur des jeux vidéo ?*, avec la collaboration d'Isabelle Gravillon, Albin Michel, 2008.

Pour les enfants

Sur la peur du noir

CORINNE ALBAUT ET MADELEINE BRUNELET, *Comptines en pyjama*, Actes Sud Junior. 1997. Des comptines taquines pour ne plus avoir peur. Un régal de mots et d'illustrations.

Peur du noir, monstres et cauchemars

JONATHAN ALLEN, *Je n'ai pas peur,* Kaléidoscope, 2007 Bébé Hibou se promène dans la nuit avec son papa Une dynamique et poétique flânerie qui rend la nuit familière.

KATE BANKS ET GEORG HALLENSLEBEN, *Ferme les yeux,* Gallimard Jeunesse, 2002. Une belle approche du monde intérieur enfantin et de tout ce qu'un petit tigre peut voir dans sa tête quand il ferme les yeux le soir. Des illustrations somptueuses.

—, *Si la lune pouvait parler,* Gallimard Jeunesse, 2001. Un va-et-vient entre dehors (en ville, dans le désert, à la mer) et dedans (dans la maison, avant le coucher).

—, *Une nuit au chantier,* Gallimard Jeunesse, 2004. Un père, ingénieur, emmène son fils sur un chantier, la nuit, dans la ville, et lui montre ce qui se passe dans le monde de ceux qui travaillent quand les autres dorment.

SOPHIE CARQUAIN, *Petites histoires pour devenir grand. À lire le soir pour aborder avec l'enfant ses peurs, ses tracas, ses questions,* Albin Michel, 2003. Des récits poétiques et drôles sur les thèmes quotidiens des enfants dont les peurs du soir et les cauchemars.

DEBI GLIORI, *À la rencontre de la nuit,* Gautier-Languereau, 2000. Un petit ours déjà couché et qui n'a pas sommeil part dans la nuit dehors en pyjama retrouver tous ceux qui sont réveillés !

KATHY HENDERSON ET JENNIFER EACHUS, *Pleine nuit*, Flammarion, Père Castor, 1992. C'est beau une ville la nuit. Rien de mieux pour l'apprivoiser que de rencontrer ceux à qui elle est familière.

VIRGINIA MILLER, *Va au lit, Alfred*, Nathan, 1993. Beaucoup d'enfants s'y reconnaîtront. Album original pour la présence du papa au moment du coucher, qui contient les angoisses d'Alfred et le sécurise.

MIRIAM MOSS ET ANNA CURREY, *Bonne nuit, Billy*, Flammarion, Père Castor, 2008. Une histoire tendre et réconfortante de petit ours qui a plus de mal à s'endormir le soir où maman sort et est remplacée par la baby-sitter.

MARIO RAMOS, *Valentin la Terreur*, L'École des Loisirs, 2000 Comment un petit zèbre se promène seul dans la nuit, affronte ses craintes et fait peur aux grands mammifères. Plein d'humour.

GUIDO VAN GENECHTEN, *1,2,3, Sommeil*, Milan, 2001. Des images et un graphisme ensorcelants montrant comment dort chaque animal (dans les branches, dans l'eau, debout, couché)… et Tommy, dans son lit, avec son doudou.

MICHEL VAN ZEVEREN, *Trois courageux petits gorilles*, L'École des Loisirs, 2003. Trois petits gorilles couchés dans le même lit, et comment ils affrontent leurs peurs. Drôle, désopilant, plein de suspense.

BETHEA VERDORN, THOMAS GRAHAM ET FRANÇOIS LASQUIN, *La lune brille*, L'École des Loisirs, 1990. Un voyage dans la nuit des villes, campagnes, montagnes, à l'aéroport. Pour apprivoiser son atmosphère.

Sur les monstres de la nuit

SERVANE BAYLE ET PASCAL VICOLLET, *Ouste les monstres!, Tout pour chasser les monstres*, Fleurus, 2008. Un livre animé amusant avec cachettes, tirettes et rabats. De quoi piéger les monstres et vaincre sa peur.

ÉLISABETH HANET ET PERRINE DORIN, *La Grande Sœur*, Didier Jeunesse, 2006. Le rituel du soir entre une petite sœur et une grande sœur qui joue à lui faire peur. Une plongée dans l'atmosphère d'une chambre d'enfants et une belle mise en scène entre frissons, suspense et rires.

CATHERINE LEBLANC ET ROLAND GARRIGUE, *Comment ratatiner les monstres*, P'tit Glénat, 2008. Des monstres cocasses et grotesques, ridiculisés par le petit héros. Tout pour les démythifier.

JEAN-MARC MATHIS, *Du bruit sous le lit*, Thierry Magnier, 2004. Un monstre sous le lit essaie vainement d'effrayer un enfant à qui on ne la fait pas. Les monstres peuvent aller se rhabiller!

Maurice Sendak, *Max et les maximonstres*, L'École des Loisirs, 1967. L'illustration en images de la vie inconsciente et des fantasmagories d'un enfant seul le soir dans sa chambre. Plusieurs générations d'enfants se sont identifiées à ce célèbre Max.

Jane Yolen et Mark Teague, *Bonne nuit, petit dinosaure!*, Gallimard Jeunesse, 2003. Les dinosaures sont bien comme les enfants à l'heure du coucher. Irrésistible.

Sur les cauchemars

Philippe Corentin, *Papa!*, L'École des Loisirs, 1999. Un classique sur les cauchemars, si drôle, si vrai.

Marie-Aline Bawin et Christophe Le Masne, *Tom fait un cauchemar*, Mango Jeunesse, 1998. Un petit lapin confronté à toutes les turbulences de la nuit. Heureusement, papa et maman sont là!

Mercer Mayer, *Il y a un cauchemar dans mon placard*, Gallimard, 1968. L'horrible cauchemar qui habite son placard empêche un petit garçon de dormir jusqu'au jour où il trouve une astuce malicieuse pour s'en débarrasser. Encore un fameux chef-d'œuvre du genre.

Dominique de Saint-Mars et Serge Bloch, *Lili fait des cauchemars*, Calligram, 2002. En ce moment, Lili réveille son frère toutes les nuits à cause de ses cauchemars. Un petit livre-BD très juste où, grâce à ces deux héros bien connus des 7-11 ans, les enfants comprennent mieux leurs cauchemars et en quoi ils sont utiles.

KOCHKA, THOMAS BAAS, *Le Croqueur de cauchemars*, Flammarion, Père Castor, 2008. Un petit garçon qui a peur des monstres trouve de l'aide grâce à un monstre, gentil mangeur de cauchemars gris. Avec le livre, une maquette de croqueur de cauchemars à construire et 12 vignettes de cauchemars à découper.

ANAÏS VAUGELADE, *Le Cauchemar de Gaëtan Quichon*, L'École des Loisirs, 2004. Un petit cochon est avalé par un cauchemar, mais, une fois dans son ventre, il trouve l'astuce pour en sortir ! Un graphisme splendide.

—, *Il y a un alligator sous mon lit*, L'École des Loisirs, 1987. Pour rire encore des angoisses nocturnes.

Contacts utiles

http://www.sommeil.org
Site explicatif sur le sommeil, abordable par les parents et les enfants.

http://www.reseau-morphee.org
Tout sur le sommeil et ses troubles.

www.institut-sommeil-vigilance.org
L'Institut national du sommeil et de la vigilance rassemble les centres et services spécialisés autour du sommeil en France.

http://www.prosom.org
Association Prosom de promotion des connaissances sur le sommeil.

http://www.sommeilsante.asso.fr
L'association Sommeil et Santé réunit les centres de diagnostic et de traitement des troubles du sommeil.

Table

Chapitre 2

Chapitre 3

Du même auteur

Lyliane Nemet-Pier

Moi, la nuit, je fais jamais dodo, Fleurus, 2000

Mon enfant me dévore, Albin Michel, 2003

Dans la même collection

Claude Allard et Cécile Dollé
Qu'est-ce qu'il y a à la télé? – Aider nos enfants dans leur choix

Nadira Anacleto et Sylvie Baussier
On me dit de l'emmener chez l'orthophoniste – Est-ce vraiment nécessaire?

Frédérick Aubourg et Nadia Mila
C'est comme ça, un point c'est tout! – Quelle autorité dans la petite enfance?

Claudine Badey-Rodriguez et Rietje Vonk
Quand le caractère devient difficile avec l'âge – Aider nos parents sans se laisser dévorer

Dr Patrick Ben Soussan et Isabelle Gravillon
L'enfant face à la mort d'un proche – En parler, l'écouter, le soutenir

Dr Patrick Blachère et Sophie Rouchon
Petites infidélités dans le couple – Ça passe ou ça casse?

Stéphane Bourcet et Isabelle Gravillon
Mon enfant a été agressé – Dans la rue, à l'école, à la maison…

Christine Brunet et Nadia Benlakhel
C'est pas bientôt fini, ce caprice? – Les calmer sans s'énerver

Dr Dominique-Adèle Cassuto et Sophie Guillou
Ma fille se trouve trop ronde – Que dire, que faire?

Gérard Chauveau et Carine Mayo
Il a du mal à apprendre à lire – Comment l'aider?

Dr Stéphane Clerget et Anne Lamy
« Maintenant, tu restes dans ton lit ! »

Dr Stéphane Clerget et Pascale Leroy
Élever un garçon aujourd'hui – En faire un homme, pas un macho!

Dr Stéphane Clerget et Carine Mayo
Les pipis font de la résistance – Comment aider l'enfant à devenir propre?

Béatrice Copper-Royer et Guillemette de La Borie
Non, tu n'es pas encore ado! – Les 8-12 ans sont toujours des enfants

Béatrice Copper-Royer et Catherine Firmin-Didot
Lâche un peu ton ordinateur! – Comment mettre des limites?

Jocelyne Dahan et Anne Lamy
Un seul parent à la maison – Assurer au jour le jour

Bernard Geberowicz et Florence Deguen
On attend un nouveau bébé – L'accueillir dans la famille

Dr Patrice Huerre et Laurence Delpierre
Arrête de me parler sur ce ton! – Comment réagir?

Dr Patrice Huerre et Anne Lamy
Je m'en fiche, j'irai quand même! – Quelle autorité avec un adolescent?

Ginette Lespine et Sophie Guillou
Surmonter le chômage en famille – Comment rebondir?

Pr Daniel Marcelli et Christine Baudry
Qu'est-ce que ça sent dans ta chambre? – Votre ado fume-t-il du hasch?

Xavier Pommereau et Laurence Delpierre
En ce moment, mon ado m'inquiète – À tort ou à raison?

Gérard Poussin et Anne Lamy
Réussir la garde alternée – Profiter des atouts, éviter les pièges

Nicole Prieur et Isabelle Gravillon
Arrêtez de vous disputer! – Faut-il se mêler des conflits des enfants?

Emmanuelle Rigon et Marie Auffret-Pericone
Je rassure mon bébé – L'apaiser et l'encourager, de 0 à 2 ans

Myriam Szejer et Marie Auffret-Pericone
L'entrée à la maternelle – Une grande aventure pour l'enfant

Dr Marie-Claude Vallejo et Mireille Fronty
D'abord, t'es pas ma mère – Quelle place pour une belle-mère?

Gilles-Marie Vallet et Anne Lanchon
Moi, j'aime pas trop l'école – Le comprendre, l'aider

Conception graphique et réalisation : Louise Daniel.
Impression CPI Bussière en mai 2009
à Saint-Amand-Montrond (Cher)
Editions Albin Michel
22, rue Huyghens, 75014 Paris
www.albin-michel.fr
ISBN 978-2-226-18747-5
N° d'édition : 18364/02. – N° d'impression : 091628/1.
Dépôt légal : janvier 2009.
Imprimé en France.